杨峰·主编

张继平·著

总是济南为郡乐

曾

巩

山东城市出版传媒集团·济南出版社

序

XU

讲好济南故事是我们的使命

看到济南出版社重磅推出的"济南故事"系列丛书，无论是作为济南城市的建设者，还是作为在这座历史文化名城工作与生活了数十载的济南市民，我都深感高兴与自豪。

伴随着这座历史文化名城发展变迁的足音，感受着这座时代新城前行律动的脉搏，我们会感到脚下的大地熟悉而又陌生。当时光列车驶入21世纪第三个10年的历史关口，济南的明天将会怎样，想必是每一位济南人都迫切需要了解的。要知道济南向何处去，首先要回答济南从哪里来。只有了解济南的昨天，才能知道济南的明天。了解济南故事，讲好济南故事，让更多的济南人热爱济南，让更多的外地人了解济南，使之成为建设美丽济南的磅礴动力，是我们义不容辞的使命。那么，了解济南故事，从阅读这套丛书开始，应该是个不错的选择。

济南是一座传统与现代相互融合的城市。一方面，济南地理位置得天独厚，南依泰山，北临黄河，扼南北要道，北上可达京师，南下可抵江南。济南融山、泉、湖、河、城于一体，风景绮丽，秀甲一方。她群山逶迤，众泉喷涌，城中垂杨依依，荷影点点，既有北方山川之雄奇壮阔，又有江南山水之清灵潇洒，兼具南北风物之长。作为齐鲁文化中心，她历史悠久，文脉极盛，建城两千多年以来，文人墨客、名士先贤驻足于此，歌咏于此，留下无数美好的诗篇。近代开埠以来，引商贾、办工厂、兴教育，得风气之先，领一时风骚。这些都是济南的老故事。

另一方面，作为山东省政治中心、经济中心、文化中心，当前的济南正面临新旧动能转换起步区、中国（山东）自由贸易试验区济南片区、黄河流域生态保护和高质量发展三大国家战略叠加的重大机遇，正对标习近平总书记

"走在前列、全面开创"的目标要求，阔步从"大明湖时代"迈向"黄河时代"。今日之济南，围绕"打造四个中心"，建设"大强美富通"现代化省会城市，努力争创国家中心城市，统筹谋篇布局经济社会发展，大力发展大数据与新一代信息技术、智能制造与高端装备、量子科技、生物制药、医疗康养等十大千亿级产业集群，加快产业转型升级，一大批重大工程、重大项目落地投产，城市发展充满了无限生机。同时大力推进城市建设管理更新，中央商务区勃然起势，"高快一体"快速路网飞速建成，城市容颜焕新蝶变，城市品质赋能升级，城市文明崇德向善，生活在这座城市里的人们，有着以往从未有过的获得感、幸福感和安全感。现在的济南又趁势而上，加快实施公共卫生应急管理、营商环境优化、双招双引、项目建设、科技创新、城市品质提升、扩大对外开放等十二项重点攻坚行动，踏上了更为壮阔的高质量发展新征程。这是济南故事的新篇章。

作为时代变化的参与者、见证者，同时也应是优秀传统文化的守望者和美好故事的讲述者，我们有责任深入讲好济南故事，告诉世人济南的前世与今生。但也许是尊奉礼仪之邦"讷于言而敏于行"的古训吧，这些年我们做了很多，讲得却还不够。济南出版社策划出版"济南故事"系列丛书，可谓正当其时。它从多层面多角度挖掘、整理和诠释济南风景名胜、人文历史，向世人娓娓道来，并以图书的形式呈现出来，是一件有着深远意义的事情。我希望这套丛书能成为一把钥匙，为读者打开一扇门，拨开历史的风尘，带领读者穿越时光，纵览波澜壮阔的历史长卷，与往圣先贤来一场跨越时空的对话。

翻开它，我们走进历史；合上它，我们可见未来。

中共济南市委常委、市委宣传部部长

目录 MULU

曾巩：总是济南为郡乐

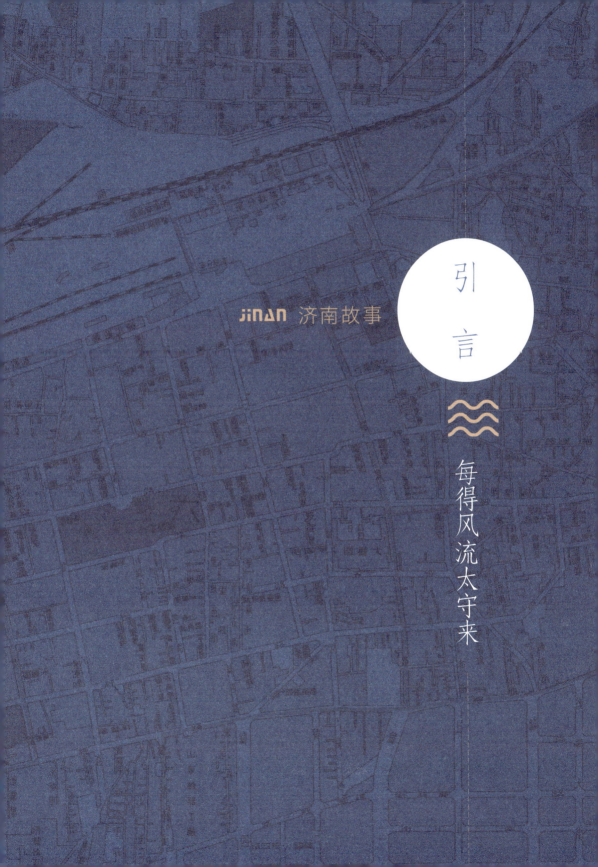

JiNAN 济南故事

引言

每得风流太守来

真该感谢曾巩来济南当"父母官"。

宋神宗熙宁四年，也就是公元1071年，这年春夏两季，齐州大地久旱无雨。天上烈日当头，骄阳似火；禾苗枯焦，土地干裂。

农历六月十三那天，天上突然阴云密布，随着阵阵雷鸣，一场大雨从天而降。既而，雨过天晴，天地一新。人们兴奋地涌上街头，欢呼着，雀跃着，击鼓焚香感激老天爷降下甘霖。

这天早上，53岁的江西南丰人曾巩刚进济南境内，就遇上了这场雨。他和随从策马扬鞭，冒雨前行。他要尽快赶到城里的署衙，正式接印视事，担任齐州知州。

宋海棠

进入齐州地界的第一天，便喜逢及时雨，曾巩自然心情大悦。顾不得舟车劳顿，六月十六日，在州衙举行完接印仪式后，当上齐州最高行政长官的曾巩兴奋地在住所旁亲手种下了一株海棠树。此后，曾巩在这儿住了整整两年。如今这株被后人称作"宋海棠"的古木，虽历经千载依然老树新芽，枝繁叶茂。每到春季花开时，珍珠泉畔的海棠园里便花香四溢，沁人心脾。

上任第一天，曾巩一直忙到深夜。

按照古代惯例，臣子到任后要给皇帝上谢表，以感激皇帝对自己的信任和重用。这夜，曾巩向皇帝汇报说："伏奉敕命，就差知齐州军州事，已于今月十六日到任上讫。"并表示，自己在齐州任上要"不忘夙夜，勉尽疲驽"，"誓无易于初

曾巩

心"，一定要把齐州这个"难治"的"剧郡"（政务繁剧的大郡）治理好。（见《元丰类稿·卷二十七·齐州谢到任表》）所谓"誓无易于初心"，就是"一定不改初心"。

曾巩是从越州（今浙江绍兴）通判任上来任齐州太守的，通判算个行政副手。虽然只是个二把手，但曾巩秉性使然，仍以关注民瘼为己任。他看到绍兴人民遇上灾害吃不上饭，便采取了一系列措施赈济百姓。在赊粮的同时，他还力主贷款给百姓粮钱五万，秋后偿还。两年后，他来齐州任太守，就是地方行政的一把手了。职位高了，权力大了，他可以不改初心地甩开膀子施展拳脚了。

后来明代诗人王象春在《济守》一诗赞道："济南自古多名士，每得风流太守来。""名士"是指文采俊秀之人，"风流"兼有政治清明、教化流行之义。

风流太守，是一个褒义词！

济南的"风流太守"，王象春在诗注中列举了四位，除第一位"唐之李邕"（人家是北海太守哩）列错外，第二位就是"宋之曾巩"，另两位是宋之

晁补之和元之赵孟頫。王象春称赞他们"皆风流蕴藉，民享安富之福"。

如王象春所言，风流太守曾巩知齐州，的确是济南人民之福。

济南在历史上有过多种名称，比如西周时称为谭国，春秋时称为泺邑，战国时改为历下邑，汉代初年称为历城县。《史记》记载，汉高后元年（前187），"割齐之济南郡为吕王奉邑"，"济南"一名自此而始。汉时济南国、济南郡的名称来回交替使用，王莽新朝时济南还叫过十几年"乐安"。西晋永嘉末年（312），济南郡治所由东平陵移至历下，"而城始大"（《历乘·建置》）。隋文帝开皇三年（583），济南郡改称齐州。此后500多年间，齐州、齐郡、临淄郡、济南郡，名称多次交替使用，"齐州"的名称用时最长。直到1116年，宋徽宗时，朝廷认为齐州是军事、经济要地，就把齐州升格为府，定名济南府。北宋时的齐州下辖五县，分别是历城县（今历城区）、禹城县（今禹城市）、章丘县（今章丘区）、长清县（今长清区）和临邑县。

曾巩来济南时，济南还叫齐州，升济南府是他离任40多年后的事儿。

曾巩来了，故事即将开始……

故事开始前，先来看看曾巩先生的人事档案：

姓名：曾巩　别名：子固（字）　雅号：南丰先生

性别：男

民族：汉

原籍：南丰（今江西南丰）

学历：嘉祐二年（1057）进士

生卒：1019年9月30日（宋真宗天禧三年八月二十五日）—1083年4月30日（宋神宗元丰六年四月十一日）

属相：羊

个人爱好：散文、诗歌创作

家庭关系：父亲曾易占曾任宜黄县尉、临川县尉、越州节度推官、如皋县知县、玉山县知县等。

母亲 吴氏 35岁早亡。

继母 朱氏 元丰五年（1082）去世，享年72岁。

妻 晁氏（原配） 李氏（继室）

子 曾绾 曾综 曾纲

兄 曾晔 字茂叔（为曾易占第一任妻子周氏所生）

弟 曾牟 字子进，嘉祐二年进士。

弟 曾宰 字子翊，嘉祐六年进士。

妹 曾德操等九人

弟 曾布 字子宣（为继母朱氏所生），嘉祐二年进士。官至右仆射兼中书侍郎（宰相），死后被追赠为观文殿大学士，谥号文肃。

弟 曾肇 字子开（为继母朱氏所生），治平四年进士。曾在十四州府任职，官至礼部侍郎、中书舍人。

社会关系：

老师 欧阳修

挚友 王安石 苏轼 范仲淹 赵抃 梅尧臣 孔武仲 孔平仲等

学生 陈师道等

主要经历：

1057年（嘉祐二年）中进士后出任太平州（今安徽当涂）司法参军；

1060年（嘉祐五年）得欧阳修举荐奉诏赴京师入充馆职，负责古籍校勘、整理工作；

1069年（熙宁二年）出任越州通判；

1071年（熙宁四年）任齐州（今山东济南）知州；

1073年（熙宁六年）赴襄州（今湖北襄阳）任知州；

1076年（熙宁九年）任洪州（今江西南昌）知州，兼江南西路兵马都钤辖；

1077年（熙宁十年）任福州知州，兼福建路兵马都钤辖；

1079年（元丰二年）任明州（今浙江宁波）知州；同年移任亳州（今属安徽）知州；

1080年（元丰三年）移知沧州（今属河北）；

1081年（元丰四年）赴京任史馆修撰，次年拜中书舍人。

获得荣誉："唐宋八大家"之一、"千秋醇儒"、"南丰七曾"（曾巩、曾肇、曾布、曾纡、曾纮、曾协、曾敦）之一。

看完这份档案，曾巩与济南的故事就正式开始了。

唐宋八大家

JiNAN 济南故事

第一章

初到济南　喜有西湖六月凉

还是回到北宋年间的济南吧。

11世纪的齐州，不仅是一座底蕴深厚的文化城市，还是一座城即园林的风景城市。它北濒清河，南依泰脉，城厢一带百泉竞发，湖河汇波，饶有湖山之盛。

早于曾巩来此之前，唐代的"诗仙"李白、"诗圣"杜甫、"诗雄"高适以及书法大家李邕都曾以优美的诗章赞尽了齐州风光。唐天宝四年（745）夏季的一天，年近古稀的北海太守李邕从北海（今山东青州）赶来济南，陪杜甫游览大明湖并在历下亭设宴招待他。就是在这次聚会中，杜甫写下了那首著名的五言诗《陪李北海宴历下亭》。诗中"海右此亭古，济南名士多"一联，至今是济南人宣传城市的必用语。杜甫这十个字，可谓对济南历史文化最具高度的整体概括。

李白、杜甫、高适走后300年，文学大家曾巩来了！他一来便被这座城市的湖光山色深深吸引住了。

齐州，哦，济南，看来曾巩对"济南"的称谓更感兴趣，面对大好的济南自然风光，他不禁浮想联翩，诗兴大发。于是，他挥笔写道："总是济南为郡乐，更将诗兴属何人？"（《郡斋即事·其二》）济南是美的渊薮，济南的泉水是"水涌若轮"的，作为"唐宋八大家"的曾巩，在这里又怎能不灵感勃发呢？

大明湖畔、趵突泉边、鹊华山间，曾巩留下了一串串脚印，也留下了许许多多的诗章。在济南的700余天时间里，他写下了十几篇散文，诗歌创作更是多达70余首，占其平生存世诗作的六分之一还多，其中直接题咏济南风物胜景的有60首，在其著作《元丰类稿》中有关齐州的作品数量也最多。宋代学者黄震有论曰："（曾巩之诗）多齐州所作，有欣然安之之意。徙为他州，所不作。虽作，不乐之矣。岂齐其壮年试郡，而后则久困于外，不满其当世之志耶。"（黄震《黄氏日抄·卷六十三·齐州杂诗序》）

到任后的第一件事，曾巩风尘仆仆拜谒了舜泉（位于今舜井街中段路西）。想到舜耕历山的传说，曾巩暗下决心在齐州任上弘扬大舜为民的精神并世世代代传承下去。他在《齐州到任谒舜庙文》中写道："维帝侧微之初，躬

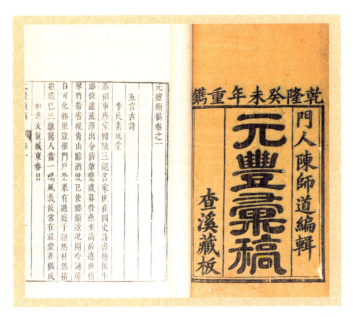

元丰类稿

耕此土，历数千载，盛德弥新，传于无穷，享有庙食。（曾）巩受命出守，敢陈薄荐。维帝常垂阴施，惠此困穷，庶使遗民，永有依赖。"（《元丰类稿·卷三十九》）当天，曾巩又挥笔写下来济南后的第一首咏泉诗：

山麓旧耕迷故垄，井干余汲见飞泉。

清涵广陌能成雨，冷浸平湖别有天。

南狩一时成往事，重华千古似当年。

更应此水无休歇，余泽人间世世传。

（《舜泉》）

诗中的"南狩"，也写作"南守"，指南巡。舜帝登位三十九年时，不顾年事已高，到南方巡视，途中病重而故，葬于苍梧。他的两位妻子——娥皇和女英，连夜从济南赶往南方，得知丈夫已为国殉职，不禁"相思恸哭，泪下沾竹，文悉为之斑斑然"。这种带着泪斑的竹子，后人称之为斑竹、湘妃竹。

大舜

娥皇女英

娥皇、女英痛哭夫君，泪水流尽，继之以血，随后姊妹俩双双跳进湘江殉夫。"重华"是舜的名字，有许多介绍文章都解释为：因为舜的长相奇特，他的眼球上有两个瞳孔，"重"者，双也；"华"者，瞳子之光华也。其实，这是一种谬解。据唐代孔颖达（574—648）注疏："此舜能继尧，重其文德之光华。用此德合于帝尧，与尧俱圣明也。"孔颖达的意思是：舜"曰重华"，是因为舜能继承尧的大业，重现了尧以"文德"治天下的光华。用此德治理天下符合尧的思想，舜和尧一样，都是圣明之主。所以，"重华"是"重现帝尧文德之光华"的意思。结合舜继帝位后的施政方略、巡守制度、禅让帝位和功业政绩来看，孔颖达的解释或许更接近真实。曾巩在这首诗中将舜称之为"重华"，可谓用心良苦。

曾巩见舜井泉源以及向北流经的河渠已被淤塞汇潴，便利用工作之余，亲自率人在夜间将其疏浚。后来，他的老师欧阳修途经齐州时，听说"历山之下有寒泉"，亲往拜谒舜泉，看到曾巩率人疏浚一新的舜泉，欧阳修对自己的学生大加赞扬："齐州太守政之暇，凿渠开沼疏清涟。"（欧阳修《留题齐州舜泉》）

拜舜泉，也让曾巩深感责任在肩，只

有夙夜在公，久久为功，才能为官一任，造福一方啊！他暗下决心。

此后，曾巩来到大明湖畔，眼前的景象，竟让他怀疑自己进入了仙境。

曾巩到济南时，大明湖还不叫大明湖，而是两个交错相连的湖泊，东边的湖称为东湖，西边的湖叫作西湖。后来，曾巩在两湖湖域之间修建了一道南北向的百花堤，西湖湖面阔大，东湖水域较小。此处得名大明湖，得谢谢曾巩身后100多年的文学大家、那位立誓"有心长作济南人"的元好问。他在《济南行记》中首次记录了"大明湖"一名，并在《临江仙·荷叶荷花何处好》中写下了"大明湖上新秋"的千古名句。

曾巩眼中的济南西湖，竟是那样迷人：

> 湖面平随苇岸长，碧天垂影入清光。
>
> 一川风露荷花晓，六月蓬瀛燕坐凉。
>
> 沧海梓浮成旷荡，明河槎上更微茫。
>
> 何须辛苦求人外，自有仙乡在水乡。
>
> （《西湖二首·其二》）

大明湖

清澈如镜的水面，映照着蓝蓝的天空；娇艳盛开的荷花，微微拂来的湖风，仿佛使人来到了蓬莱瀛洲的仙境……该诗描绘了大明湖芙蕖盛开时的仙乡景色，突出了大明湖的静谧雅致。

初到济南，面对漾漾清波，曾巩心底涌起一股情愫，接连写了两首关于大明湖的诗篇。在《西湖二首·其一》开头中，曾巩就喜不自禁地写出了自己痴狂的心情："左符千里走东方，喜有西湖六月凉"，"行到平桥初见日，满川风露紫荷香"。

左符，是古代太守出任州郡所执符契的左半。古代州官上任时，由朝廷发放任命的符契，符契分左右两半。左符由赴任者所执，右符由朝廷派人送至州郡。太守执左符抵达州郡后，与州郡的右符相吻合，方可就任。所以，后来人们便把左符作为太守的代称。

曾巩到任时，正是农历六月的盛夏季节。他千里迢迢来到济南这个"东方名郡"，竟忘记了路途的劳累，心情一下子豁然开朗：凉爽的晨风吹来，一轮红日冉冉升起，淡淡的荷香扑鼻而来，曾巩沉醉在仙境中。

由于署衙离大明湖不远，在济南的两年中，大明湖成了曾巩流连之地。他写过它的夏、它的秋、它的冬、它的春，他咏过它的亭、它的桥、它的台、它的荷……王士禛在《带经堂诗话》中说："曾子固曾通判吾州，爱其山水，赋咏最多……而于西湖尤惓惓焉。"惓惓者，念念不忘、流连难舍也。对曾巩来说，斯言诚哉。

到济南当父母官，自然不能仅为美景所迷。曾巩有自己的抱负，有朝廷的使命，有肩头的担当。晚间，大明湖畔归来之后，他躺在床榻上回想起自己53年的人生历程。

曾巩生于宋真宗天禧三年（1019），当时他31岁的父亲曾易占正在临川任县尉。曾巩幼年就机智聪慧，五六岁即开始读书，这在他的一些传记中都有提及，如他弟弟曾肇在《子固先生行状》中说："公生而警敏，不类童子，读书数百千言，一览辄诵。"《曾巩神道碑》也说他："自幼读书为文，卓然有大过人者。"有一次，他和同学跟着老师去南昌游学，时值阳春三月，沿江两岸草长莺飞，春风徐徐，景色诱人。老师手指船橹出一上联："两橹并摇，好似双刀分绿水"，要求学生们对下联。同学们依次对联，老师均不满意。轮到曾巩，大家的目光都集中在他身上，只见曾巩站起来躬身向老师施了一礼，高声对道："孤桅独立，犹如一笔扫青天！"老师听罢，不禁连声叫好："此联气魄雄伟，思路开阔，对仗工整，实为难得之妙联！"

然而，饱读诗书的曾巩直到嘉祐二年（1057）39岁时才中得进士。那年，曾巩与弟弟曾牟、曾布，从弟曾阜、妹夫王无咎、妹夫王彦深一同参加考试，结果全部考中。"同年一门六进士"，在中国科举史上是十分罕见的，这在他的家乡南丰一时传为佳话。考中进士后，曾巩出任太平州（今安徽当涂）司法参军，其职责是议法断案。李白墓离太平州很近，曾巩多次到李白墓前凭吊，并写下了《谒李白墓》，诗云："世间遗草三千首，林下荒坟二百年。信矣辉光争日月，依然精爽动山川。曾无近属持门户，空有乡人拂几筵。顾我自惭才力薄，欲将何物吊前贤。"曾巩对李白这位诗坛先贤敬重有加，十分钦佩。后

同年一门六进士

来，他在京师馆阁整理古籍时，所藏《李白诗集》仅有770首，经他搜集整理共得李白诗1000首。

李白

熙宁三年（1070），曾巩被外任越州（今浙江绍兴）通判。临行前，好友苏东坡等为曾巩设宴送行，并写下《送曾子固倅越得燕字》一诗。诗云："醉翁门下士，杂沓难为贤。曾子独超轶，孤芳陋群妍。昔从南方来，与翁两联翩。翁今自憔悴，子去亦宜然。"倅越，是指曾巩到越州当一个副职。苏东坡和曾巩都是欧阳修的学生，在诗中苏东坡表现出对曾巩怀才不遇的惋惜，并对曾巩大加褒奖，认为曾巩才是欧阳修门下最为优秀的弟子。

越州两年的"二把手"岁月，倏忽而过。

曾巩回想当年，夜不能寐。

曹操在写"老骥伏枥……壮心不已"的时候，时年53岁。

曾巩来济南当"一把手"，也是53岁（注：本书涉及古人年龄，皆沿用中国传统计龄方式虚岁）。

50多岁，在古代已是"老骥"。

曾巩这匹"老骥"，注定像曹操一样"壮心不已"！

JINAN 济南故事

第二章

除暴安民　雪消山水见精神

大宋朝历十八帝三百二十年，算得上中国历史上经济文化昌盛的时代。著名史学家陈寅恪言："华夏民族之文化，历数千载之演进，造极于赵宋之世。"

当然，宋代的济南也十分繁荣。

古齐州

欧阳修在《归田录》中说"齐州赋税最多"，赋税多说明当地经济发达。但由于疏于治理，曾巩初到济南时，辖区内的社会治安状况并不太好："齐故为文学之国，然亦以朋比夸诈见于习俗。今其地富饶，而介于河岱之间，故又多狱讼，而豪猾群党亦往往喜相攻剽贼杀，于时号难治。"（曾巩《齐州杂诗序》）

曾巩这段话的意思是，齐州本是文化昌盛之地，然而也有结成团伙进行欺诈的现象，并相沿成俗。济南土地富饶，夹在黄河、泰山之间，所以又多诉讼官司，而豪强结党之人也往往喜欢互相攻击、劫夺、残杀，所以当时属于难以治理的地方。

为了改善辖区的治安环境，曾巩采取多管齐下的办法。

齐州济阳县曲堤（今济南市济阳区曲堤街道）有一个姓周的大户人家，以资产雄厚称霸一方。这家的儿子周高自恃财势横行乡里，欺压百姓，奸污妇女，无恶不作，致使当地百姓深恶痛绝。但周家势力大，且"力能动权贵"，与一些地方官员沆瀣一气，历任州县官员都拿他们没办法。

新官上任三把火。

曾巩到任后，"夙夜匪懈，勉尽疲驽"（曾巩《元丰类稿·卷二十七·齐州谢到任表》）。刚到任的曾巩哪能容忍周高一伙为害乡里："为人害者不去，则吾人不宁。"（《元丰类稿·行状》）曾巩出手不凡，搜集证据后直接拿齐州首霸开刀，依法惩处了作恶多端的周高。

此举在当时轰动极大，此后"豪宗大姓敛手莫敢动"。由此，曾巩也在齐州百姓中赢得了盛誉。

当时，在齐州历城和章丘交界一带，一些土豪结成团伙，号称"霸王社"。他们杀人越货，横行乡里，当地百姓对他们敢怒不敢言。得知线索后，曾巩派兵一举捣毁这一犯罪团伙，将31名首犯判刑，发配边疆，"余党皆溃"。

要长治久安，还得有一套长效机制。

为巩固治安成果，曾巩将当地百姓编为保伍，以五户为一保，监督外来人员出入，并采取明赏、夜巡等措施，规定"察居人行旅出入，经宿皆籍记，有盗则鸣鼓相援"；又明确悬赏，一旦发现盗贼则及时抓捕，并示众。"有葛友者，屡剽民家，名在捕中，不获。一日自出，告其党。"这个叫葛友的盗贼主动向官府自首，并揭发了同党的罪行，曾巩遂免其罪，并奖励他"袍带酒食"，并叫他骑上马，用车载上他的奖品游村串街。很多盗贼听说这件事后，只好纷纷投案自首。

通过半年的整治，齐州这个地方终于安定了下来。出现了"奸寇屏迹，民外户不闭，道不拾遗，狱以屡空"（《元丰类稿·附录·墓志》）、"市无攫金，室无冗坏，货委于途，犬不夜吠"（《元丰类稿·神道碑》）的良好社会局面。

秋去冬来，新年就要到了。

古时，每年新年到来之前，皇帝都要给文武群臣颁发新年历日。历日，相当于今日之日历，古时也叫通书、历书或时宪书，由于它是皇帝颁发的，所以人们又称它为皇历。熙宁四年（1071）腊月的一天，曾巩收到了皇帝赐给的熙宁五年历日。按照唐宋规制，收到皇历的臣子要上表致谢。曾巩在《谢熙宁五年历日表》中说："臣敢不深究土风，详求气序，躬劝耕桑之业，辅成坏冶之仁。"气序，指的是季节和节气，这里说的是农时。坏冶，指制陶和冶炼，常用来比喻培育人才。一年之后，曾巩又在济南收到了皇帝赐给的熙宁六年历日，并写下了《谢熙宁六年历日表》，这两篇表均收录在《元丰类稿》第二十八卷中。这里需要多解释一句，所谓的"表"，在古代是一种文体，古代奏议的一种，是臣子写给皇帝的奏章，常用于向君王陈说自己的请求和愿望，也用来在收到皇帝恩赐时表达感恩。

据宋代庞元英《文昌杂录》记载，宋代各级官署在每年腊月二十日，要举行封印仪式，停止公务，以迎接新年，现在俗称"过年放假"。封印时，官方要将盛放官印的印盒（亦称"印盒"）用封条封好，待新年过后再行"开印"仪式。

腊月二十封印那天晚上，借着淡淡的月光，拂帘看着门外柳枝上的白茫茫的雾凇，回想来济半年来自己施政取得的成果，曾巩挥笔写下《冬夜即事》七律一首：

印盒封罢阁铃闲，喜有秋毫免素餐。

市粟易求仓廪实，邑尨无警里闾安。

香清一榻氍毹暖，月淡千门雾凇寒。

闻说丰年从此始，更回笼烛卷帘看。

由于曾巩施政有方，齐州辖区内"市粟易求仓廪实，邑尨（máng，长毛狗）无警里闾安"，齐州由一个治安事件多发之州变成了平安之州，风气为之一新，这对于一个有抱负的政治家、文学家来说，是一个很大的精神慰藉。

政绩是一方面，低调谦和是曾巩的另一面。时人称曾巩为人"刚毅直方，外谨严而内和裕"。他在来济南后几个月的惩治豪强、安抚良民的过程中，曾写下一首《秋怀》，表达了自己不慕虚名、一心执政为民的心迹：

> 为州讵非忝，即事亮何成。
>
> 幸兹桑麻熟，复而仓箱盈。
>
> 闾里凶党戢，阶除嚚讼清。
>
> 日携二三子，饱食中园行。
>
> 念非形势迫，免有弹弋惊。
>
> 幽闲固可乐，勿慕高远名。

　　诗中的曾巩说，我任齐州知州自感惭愧，没有做出闪光的政绩，所幸今年庄稼丰收、粮仓充实，区域内的凶徒匿迹，公堂诉讼清闲。有允裕的时间，和自己的孩子们在园中散步。虽然形势一片大好，但不可掉以轻心。悠闲是件很好的事情，却不能因为自己治理有方而妄求虚名。诗中"日携二三子"，是写实。曾巩有子女多人，按其弟弟曾肇在《子固先生行状》中的记载，他有"子男三人"，"二女早卒"。说明当时曾巩知齐时，是带着三个未成年儿子来济南的。根据《南丰曾氏二源族谱》可知，曾巩的大女儿曾庆老出生于嘉祐四年（1059），三岁时夭折；二女儿曾兴老生于治平二年（1065），两岁时早殇。两个女儿的早夭，让曾巩伤心不已，同时也使得曾巩对三个儿子倍加呵护和疼爱。他的三个儿子是曾绾、曾综、曾纲。曾绾生于嘉祐元年（1056），曾综生于嘉祐三年（1058），曾纲生于治平四年（1067）。曾巩在济南任职时，曾绾才16岁，曾综14岁，曾纲仅有5岁。曾巩将他们带在身边，一方面是为了照顾他们的生活，另一方面则是为了使他们从小便受到良好的教育。三个儿子成年后，都成了官吏，曾绾当了太平州司理参军，曾综成了知越州转运判官，曾纲官至六品奉议郎。后面，我们还将在"寄情山水（中）"章节谈到曾绾、曾综诗写大明湖一事。

　　还是回来继续曾巩在济南的故事吧。

　　此时的曾巩很清醒，没有被扫除恶暴的胜利冲昏头脑。

　　他明白，这只是万里征途上走出的第一步。

接下来，他要为齐州百姓办几件实事，真正让当地人民享受到幸福感和获得感。

他到任之时，正赶上黄河泛滥。河北（指河北、山东一带）地方的官府曾发动民工疏浚黄河，需要从济南等地调动民工参加这项工程。此时，黄河已改道，在河南向北直奔聊城西至今河北青县境与卫河相合，然后入海。"河北发民濬河，调及他路，齐（州）当给夫二万。县初按籍三丁出一夫，（曾）巩括其隐漏，至于九而取一，省费数倍。"（《宋史·曾巩传》）也就是说，沿黄州县应当根据户口上的人数抽调民工，每三个劳动力须出一人。曾巩想到，这样做一定会给当地的农业生产和百姓生活造成一定的困难。怎么办呢？他思来想去，决定根据实查的户数和人数放宽要求，每九个劳动力出夫一人。这样一来，既查实了域内实际人口数，减少了劳力支出，没有影响到生产，又省去了许多费用，明显有利于人民的生息，齐州的老百姓对此赞誉有加。

爱民如子，是曾巩对下属常说的一句话；知行合一，他自己也以这句话作为座右铭来要求自己并坚决执行。

几十年的读书学习，使他深谙治乱之理和为政之道。在济南任上的磨砺又使他积累了丰富的从政经验，造就了他非凡的政治才能。离开济南后，他先后

黄河

知襄州、洪州、福州、明州、亳州、沧州等州，其除暴安民、兢兢业业的执政理念一直未有改变。

除治乱安民之外，曾巩还大力提倡儒学："晁氏宿奸投海外，伏生新学始山东——时大奸周高投海岛，而学校讲说《尚书》——曾巩自注。"（《郡斋即事二首·其一》）关于伏生，《史记·儒林列传》记载，伏生，济南人，曾任秦博士。秦始皇焚书坑儒后，伏生将《尚书》藏于墙夹缝

伏生传《尚书》

中，这本儒家经典才得以流传。《邹平县志·伏生博士传略》："汉无伏生，则《尚书》不传，传而无伏生，亦不明其义。""学者由是颇能言《尚书》，诸山东大师无不涉《尚书》以教矣。"（《史记·儒林列传》）可见伏生是很有贡献的。

曾巩在济南任知州期间，严惩黑恶势力，极力弘扬儒学，使得整个齐州地区恢复了政通人和的大好局面，恰如曾巩诗曰"依然自昔兴王地，长在南阳佳气中"（《郡斋即事二首·其一》）。

曾巩一向尊崇孔孟，倡扬儒学，他对于儒家的"仁""礼"都有自己独到的见解，他曾说："夫学者，其心笃于仁，其视听言动由于礼，则无常产而有常心，乃所履之一事耳。"（《与王深父书》）曾巩不仅倡导在学界崇尚儒家之"仁""礼"，而且在日常生活中人们也应当以"礼"来指导自己的言行举止，学与言行应相一致。

曾巩曾自称"家世为儒"，他继承发扬了这一优良家风。据时人林希《宋中书舍人曾公墓志铭》里介绍，曾巩"性嗜书，家藏至二万卷，集古今篆刻为

《金石录》又五百卷，出处必与之俱"。

　　"学校讲说《尚书》"，按后人的说法，"学校之设，以崇圣而育才也。"（明刘敕《历乘·学校考》）这标志着济南地区长期以来尊孔崇教风尚的浴火重生。曾巩离任齐州后的第四年，也就是熙宁十年（1077），时任齐州知州的李常（字公择）在州衙西侧不远处修建了地方官学机构——文庙。宋政和六年（1116），齐州升州为府，始称济南府。文庙称为济南府学，亦称府学文庙至今。200多年后的明洪武年间，济南贡士院（简称贡院）在原州衙（即后来的布政使署）不远处修建，成为山东科举考试的最高机构。自明初至清末废止科举制度止，共举行乡试200多次，累计录取近两万人，其中考中进士的有4 074人，包括状元9人，榜眼5人，探花6人。当然，这是后话，按下不表。

　　转眼春节已过。正月初六那天，雪霁天晴，整个济南城一片银装素裹。曾巩按捺不住喜悦心情，在新年即将开印之际，写下了《正月六日雪霁》一诗：

文庙

湖畔雾凇

雪消山水见精神，满眼东风送早春。

明日杏园应烂熳，便须期约看花人。

　　春来了，花蕾初露，曾巩顿感暖暖的春风扑面而来。用不了多长时间，满园的杏花就要烂漫绽放，他要约朋友们来赏花了。

　　第二天，他又一次专门来到大明湖畔观赏济南特有的雪后雾凇景观。

　　在济南，当水汽在夜间遭遇寒冷，触及草木枝头时，会迅速凝结成细小的乳白色冰粒，比霜细密而又较为坚硬，这就是雾凇，俗称树挂。大面积的雾凇现象，就成了大明湖畔一种特有景观。道光《济南府志》云："冬月寒甚，夜气塞空如雾，著于林木，凝结如珠玉。旦起视之，真薄雪也。见睍（xiàn，日光）乃消释，因风飘落，齐鲁人谓之雾凇。"（卷七十一《杂记》）

　　清晨，一湖碧水波平如镜，湖面上氤氲蒸腾，湖畔岛屿上的所有草木枝头都挂满了雾凇，一片银装素裹，蔚为奇观。日出之后，雾凇慢慢融化。若赶上阴冷天，雾凇现象就会持续较长时间。因它在斗寒中盛开，美丽皎洁，晶莹闪烁，韵味浓郁，像是怒放的花儿，所以又被称为"冰花"。雾凇是大自然赋予人类的精美艺术品，把大明湖点缀得繁花似锦，景观壮丽，成为大明湖冬日及春初的风光之最。

这天，天气响晴，静而无风。曾巩沿着湖岸边赏边咏：

园林日出静无风，雾凇花开处处同。

记得集英深殿里，舞人齐插玉珑璁。

（《雾凇》）

这不是曾巩第一次吟咏济南特有的雾凇景观。

他的《冬夜即事》一诗中有"香消一榻氍毹（qúshū，毛织的毯子）暖，月澹（dàn，安谧）千门雾凇寒。"其自注云"齐寒甚，夜气如雾凝于木上，旦起视之如雪，日出飘满阶庭，尤为可爱。齐人谓之雾凇。谚曰：'雾凇重雾凇，穷汉置饭瓮。'以为丰年之祥也"。

在自注中，曾巩特意征引了"雾凇重雾凇，穷汉置饭瓮"的济南当地民谚，说明出现这种现象，是一种"丰年之兆"。

新的一年，一定又是一个政通人和的丰裕之年！他期盼。

第三章

痛悼恩师　云山苍苍河泱泱

曾巩修浚舜泉，受到途经济南的老师欧阳修的高度赞扬，曾巩自是十分感激。

没料到，天有不测风云。欧阳修离开济南不到一年，熙宁五年闰七月二十三（1072年9月8日。注：从卢家明《欧阳修传》说），从颍州传来噩耗，欧阳修走完了人生旅程的最后一步，终年66岁。

欧阳修

曾巩的成才与发展离不开欧阳修。古人言：千里马常有，伯乐不常有。欧阳修是曾巩的伯乐。接到恩师去世的消息，正在齐州任上的曾巩控制不住自己的感情，在众多同僚面前，竟然失声痛哭。

欧阳修生于宋真宗景德四年（1007），长曾巩12岁，两人同一个属相"羊"。庆历元年（1041），23岁的曾巩借进京考试之机，给欧阳修写了一封信，当时欧阳修已是学界前辈、文学大家。这封信引起了欧阳修的兴趣，他认为此后生非等闲之辈。他在《送杨辟秀才》中说："吾奇曾生者，始得之太学。初谓独轩然，百鸟而一鹗。"此后，曾巩得到了欧阳修的赏识，投学于欧阳修门下。经欧阳修指点，曾巩文风大有改变，正如欧阳修在《送吴生南归》一诗中所说：

> 我始见曾子，文章初亦然。
> 昆仑倾黄河，渺漫盈百川。
> 决疏以道之，渐敛收横澜。
> 东溟知所归，识路到不难。

这首诗说的是，曾巩未遇到欧阳修之前，文风奔放雄浑，而投学于欧阳修之后，文风变得蕴藉平正。

曾巩记得，一代大儒欧阳修热心收他为徒时，他的喜悦之情溢于言表："某之获幸于左右，非有一日之素，宾客之谈，率然自进于门下，而执事不以众人待之。坐而与之言，未尝不以前古圣人之至德要道，可行于当今之世者，使巩薰蒸渐渍，忽不自知其益，而及于中庸之门户，受赐甚大，且感且喜。"他为什么如此乐不可支，不仅仅是欧阳老师待他非同一般，更重要的是，老师传授给他先贤们的"至德要道"，"受赐甚大"。

曾巩记得欧阳修老师对他的每一句谆谆教诲，记得欧阳修对他文章给予"笔力雄赡""引经据古，明白详尽""可以释然"的评价和肯定；他更记得，到济南任职后，欧阳修对他当面进行的"齐州太守政之暇，凿渠开沼疏清涟"的高度赞扬。

曾巩记得，庆历七年（1047），他专程从江宁（今江苏南京）去滁州（今安徽滁州）看望欧阳修。欧阳修带他游览醉心亭，并嘱他作记，恩师的鼓励让布衣曾巩倍感欣慰："进士曾巩者，好古，为文知道理，不类乡间少年举子所为。近年文稍与，后进中如此人者不过一二。"

他记得，嘉祐二年（1057）在礼部的考试中，欧阳修大胆改革考试内容，才使曾巩与弟弟曾牟、曾布，从弟曾阜、妹夫王无咎、妹夫王彦深，一门六人脱颖而出，同中进士。同科同榜的还有日后同列"唐宋八大家"的苏轼、苏辙两兄弟。一榜"三大家"，可谓科举史上一大佳话。

曾巩又怎能不记得，在他考取功名后第三年，恩师又一次向朝廷举荐当时已担任太平州司法参军的他调到京师，他才有机会阅读并校勘大量古代典籍。欧阳修在《举章望之、曾巩、王回等充馆职状》中称赞曾巩："太平州司法参军曾巩，自为进士，已有时名，其所为文章，流布远迩，志节高爽，自守不回。"曾巩写完《为人后议》后寄给欧阳修阅示，欧阳修看完后给他回信说："辱示《为人后议》，笔力雄赡，固不待称赞，而引经据古，明白详尽，虽使聋盲者得之，可以释然矣。"老师对学生的文章给予了充分的肯定。

曾巩记得，当年欧阳修完成了《五代史》（后人为区别于官修《五代

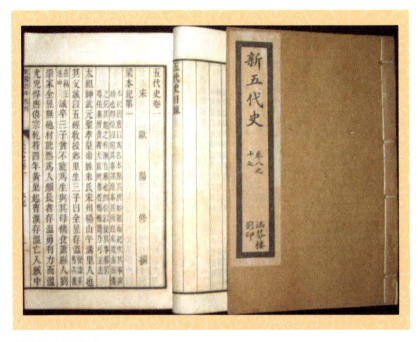

欧阳修著作《新五代史》

史》，又将欧阳修版本称为《新五代史》）的编撰后，邀请同为门生的曾巩和苏轼作序，两人相让不决，结果陈伯修写了序，但却文辞平平。老师写的书，让学生来作序，一来反映出欧阳修阔达的襟怀，二也可以看出曾巩的文学水平之高。这段轶事记录在宋代陈长方所著《步里客谈》中，原文是："陈师锡（伯修）作《五代史序》，文词平平。初，苏子瞻（苏轼）以让曾子固，曰：'欧阳门生中，子固先进也。'子固答曰：'子瞻不作，吾何人哉！'二公相推未决，陈奋笔为之。"

　　但是，就是这样的一代文学宗师欧阳修，却屡遭朝廷贬徙，出知外任。宋神宗时期，又有蒋之奇等人诬陷诋毁他与外甥女张氏、大儿媳吴氏关系暧昧，并曲解欧阳修词来上奏弹劾欧阳修。这虽然是无稽之谈，但对无端顶上"乱伦"帽子的欧阳修打击却很大。在男女之大防甚严的宋代，乱伦这种污蔑是极其恶毒的。欧阳修自此心灰意冷，连上三表向朝廷请辞。欧阳修急流勇退的思想，在他的雅号"六一居士"中得到了完美体现。他在去世前两年新取雅号"六一居士"。人们不解其意，欧阳修在熙宁三年（1070）九月七日，也就是曾巩在越州担任通判期间，用自问自答的形式做了说明："客有问曰：'六一，何谓也？'居士曰：'吾家藏书一万卷，集录三代以来金石遗文一千卷，有琴一张，有棋一局，而常置酒一壶。'客曰：'是为五一尔，奈何？'居士曰：'以吾一翁，老于此五物之间，是岂不为六一乎？'"（欧阳修《六一居士传》）

书一万卷，文一千章，琴一张，棋一局，酒一壶，翁一人，表达了欧阳修晚年读书、赏铭、奏琴、弈棋、饮酒的生活情趣，也反映出作者不再留恋功名的心态。正如门生曾巩对老师晚年生活的描述："年始六十……沉浸图史，左右琴瑟。气志浩然，不陋蓬荜。"

可如今，恩师已去。

曾巩极为悲伤，他提起笔来，饱蘸泪水，在济南的寓所里连夜写出了《祭欧阳少师文》，高度评价欧阳修在文学和政治上的辉煌成就。

在文章中，曾巩盛赞自己老师写文章是当代第一人，称他为"当代一

六一居士

人，顾无俦匹"。他说老师的文章是："文章逸发，醇深炳蔚。体备韩马，思兼庄屈。垂光简编，焯若星日。绝去刀尺，浑然天质。辞穷卷尽，含意未卒。读者心醒，开蒙愈疾。"曾巩对欧阳修文章的评价是相当高的，也是非常中肯公允的。

曾巩在文中高度赞颂欧阳修的政治建树："公在庙堂，尊明道术。清静简易，仁民爱物。敛不烦苛，令无迫猝。栖置木索，里安户逸。楗敛兵革，天清地谧。日进昌言，从容密勿。开建国本，情忠力悉。"欧阳修的政治清明给曾巩的影响是巨大的，曾巩给老师的评语并无谬奖之处。

欧阳修为官不仅政治清明，而且为人廉洁，从不拉帮结派，还能发现人才，奖掖后进。曾巩对此更是推崇备至："公在庙堂，总持纪律。一用公直，两忘猜昵。不挟朋比，不虞讪嫉。独立不回，其刚仡仡（yìyì，强壮勇敢）。爱养人才，奖成诱掖。甄拔寒素，振兴滞屈。以为己任，无有废咈（违逆）。维公平生，恺悌（和乐平易）忠实。内外洞彻，初终若一。"如果不是欧阳修慧眼识才荐才，曾巩等人很可能将是一个"泯然众人"的结局。

欧阳修去世的消息传来，曾巩顿觉五雷轰顶，悲恸万分："闻讣失声，眦（zì，眼眶）泪横溢。"他万分感念老师对自己的栽培和教导，对恩师的高度评价也是发自肺腑的。我们相信，如果欧阳修在天有灵，他一定会感到特别欣慰。

云山苍苍，江水泱泱。

先生之风，山高水长！

JINAN 济南故事

第四章

辨其山川 最怜沙际涌如轮

趵突泉

济南因泉而生，因泉而名，因泉而兴。

早在西周时期，那时济南还没叫齐州，而是叫谭国。谭国一位大夫写了一首诗，记载了当时济南泉水喷涌的景况："有冽氿泉，无浸获薪。"（《诗经·大东》）这句话翻译成今天的话就是：清凉的喷泉（侧喷之泉为氿）水啊，可不要浸湿那刚砍来的干木柴啊！

泉水淙淙，流淌在每一块青石板上，浸润着整座城。

鲁桓公十八年（前694）正月的一天，"公会齐侯于泺"（《春秋左氏传·桓公十八年》）。鲁桓公与齐襄公会盟于"泺"，这个泺，既可以指泺

水，也可以指泺水的源头，也就是趵突泉。

对"泺"更详细的记载，出自北魏时期地理学家郦道元的《水经注》。郦道元年轻时曾随父亲到过济南。他在书中对济南的趵突泉、珍珠泉、五龙潭、舜井、千佛山、华山、历下亭等都分别做了描述，其中"泺水出历城县故城西南，泉源上奋，水涌若轮，觱（bì，古代一种管乐器）涌三窟，突出雪涛数尺，声如隐雷"描述的就是趵突泉。

那么，这常年喷涌不息的泉水是哪里来的呢？上任伊始，曾巩就想弄明白。

当时流行的说法是，济南位于济水之南，泉水"为伏流于地下的济水所发而成"。曾巩决定亲自考察，验证泉源到底在哪里。

他借鉴古人的做法，数次到南部山区考察，反复试验，"以尽太守之事"，最后终于摸清了泉水的来路："泰山之北，与齐之东南诸谷之水，西北汇于黑水之湾（即锦阳川水），又西北汇于柏崖（今柏崖山处）之湾，而至于渴马之崖（在今市中区党家庄街道办事处西渴马村一带）。盖水之来也众，其北折而西也，悍疾尤甚，及至于崖下，则泊然而止。而自崖以北，至于历城之西，盖五十里，而有泉涌出，高或至数尺，其旁之人名之曰趵突之泉。"（《齐州二堂记》）

趵突泉的泉水来自南部山区，那么济南其他的名泉呢？曾巩亲自做了实验："齐多甘泉，冠于天下，其显名者以十数，而色味皆同。以予验之，盖皆泺水之旁出者也。"

济南南部山区是济南泉水之源，900多年后，当今的地质工作者采用现代技术手段调研证实，确如曾巩所言。

文中的"趵突之泉"，便是今日之趵突泉。但是，在曾巩之前，它有好多名字，诸如"泺""槛泉""娥英水"，再如"爆流泉""温泉"，当地老百姓还长期形象地称其为"三股水""趵子泉"。诸多名称中，沿用时间最长、最为脍炙人口的大名还是"趵突泉"。趵突泉虽然是当地人（"其旁之人"）取的，但首次用"趵突"二字记录者却是曾巩。"趵突"二字不但绘声绘色地描摹了泉水喷涌的声音，而且形象地反映了泉眼波涛翻滚的宏大气势。此后有些文人墨客用的"槛泉""瀑流泉"之类，远没有"趵突"二字那么充满神韵。所以，趵突泉的名字一叫就是900多年。

曾巩，你真是济南泉水的旷世知音！

曾巩在趵突泉畔品尝了用新汲的泉水煮泡的春茶，诗兴大发。他饱蘸浓墨，写道：

> 一派遥从玉水分，暗来都洒历山尘。
>
> 滋荣冬茹温常早，润泽春茶味更真。
>
> 已觉路傍行似鉴，最怜沙际涌如轮。
>
> 曾成齐鲁封疆会，况托娥英诧世人。
>
> （《趵突泉》）

这首诗的大意是说，趵突泉是南部山区玉水河经地下奔涌而出，喷洒在历山大地上，滋润冬草早荣，用泉水冲泡春茶的味道更加香浓；路边的清流犹如明镜一般，沙边的泉水涌若车轮；这里成就了齐鲁会盟，还有娥皇和女英的传说，令人惊叹！短短八句诗，既形象地述说和描绘了趵突泉水的由来和流向，又道出了泉水水质、水势的特点，还叙述了泉畔古时盛会的史实和娥皇女英的传说，充分显示了曾巩描景状物的诗人功夫。

据宋代张邦基《墨庄漫录》记载，李清照的父亲李格非曾写过一篇《历下水记》，文中叙述了三十余处济南泉水，其中就有"爆流泉"，而曾巩是在诗题中第一次直接将"爆流泉"写为"趵突泉"的。金代元好问也说，趵突泉三字乃"曾南丰云然"（元好问《济南行记》）。

趵突，可谓音义兼顾的雅号。词义可释为"喷涌、奔突、跳跃"，形容该泉涌腾之状貌；字音用来模拟"卜嘟、卜嘟"的泉声。自此，趵突泉这一名称

一直用了900多年而至今，相信这个名字会永永远远地叫下去。

在对济南泉水源流进行验证之后，曾巩又依据古代典籍，特意对历山的历史渊源和地理位置进行了一番缜密的考证。经过辨析，他认为，《史记·五帝本纪》中"舜耕历山"的历山，就是"齐之南山为历山，舜所耕处，故其城名历城，为信然也"。而历史上的历山在河东（今山西西南角，黄河转弯处）、在雷泽（今鄄城以南、定陶以北）诸说，均为"世之好事者""不考其实矣"（《齐州二堂记》）。

对趵突泉、历山的考究如此上心，并非只是这位文学大家的一时兴起，作为齐州知州，他认为这是为当地百姓服务、追溯历史文化源头、完善城市建设的第一要务。因为，之前在趵突泉这一胜景之地，竟然没有外地使客栖居的馆舍。使客到了之后，常常是住在临时征集百姓调运木材建筑的馆舍，使客离开后再将其拆除，既浪费财物、折腾百姓，也不雅观。于是，曾巩一到任就拆除了前任官府弃留下的破旧房屋，准备在趵突泉畔建造两所堂屋以供接待外地使客。

经过考证，曾巩认为：大舜遗迹能完整地表达出济南的历史人文底蕴，溹源泉水能突出地反映出济南独特的生态风貌。所以，当熙宁六年（1073）二月，经过一年半的建造，两座高大宏伟、气势磅礴的大堂落成后，曾巩亲自将二堂命名为"历山堂"和"泺源堂"，并写下了那篇传之千古的散文名篇《齐州二堂记》。有兴趣的读者可翻至本书附录，阅读一下《齐州二堂记》原文及译文。正是这篇文章，被后来的清代桐城派高手姚鼐赞叹曰"作考证文字，可以为法"。

姚鼐很懂曾巩。

我们也懂。

不凡的是，曾巩更懂济南——因为他用两座殿堂的名字——"历山""泺源"，四个字就把济南历史、文化、生态最完整地描述并盘活了。

第五章

修北水门 城楼高倚半天风

济南地势南高北低，城内外泉水众多，难免水患多发。

每到夏秋季节，遇上滂沱大雨，城内排涝不及，家家进水，户户积水，百姓苦不堪言。如遇洪涝持久不退，北城的外积水又会通过原有的北城门倒灌入城，所以，人们不得不"常取荆苇为蔽，纳土于门，以防外水之入"，故而，"既弗坚完，又劳且费"。

曾巩决心消除多年的水患，让老百姓过上无虞的日子。分析水患之因后，曾巩制订了详尽的改造规划。

熙宁五年（1072）二月，一场轰轰烈烈的北水门改造工程的硬仗打响了。

曾巩"以库钱买石，傭（jiù，雇佣）民为工"，利用原有城门，在两侧垒砌石崖，中间放置石质水闸，安上了两扇木门，"视水之高下而闭纵之"，根据水位高低和水量大小决定水闸的开闭。如果城内积水，则开闸放水，水向北流进城北的沼泽地；若城外积水有倒灌入城之势，则关闭闸门，御水于城外。工程紧张地干了一个月零几天，一座"累石为两崖，其深八十尺，广三十尺"的北水门就宣告竣工。

于是，济南城"内外之水，禁障宣通，皆得其节，人无后虞，劳费以熄"，彻底解决了城北的水患问题。整个北水门改造的情况被曾巩记录了下来，在竣工之后写成了《齐州北水门记》。清道光六年（1826），山东布政使刘斯湄撰写的《曾巩祠碑记》中写道："至今民赖（北水门）以安，永除后患。"

元代初期，人们又在北水门之上修建了一座汇波楼（亦作会波楼）。元代著名政治家、文学家张养浩曾多次登此楼并写下七律一首：

> 何处登临思不穷？城楼高倚半天风。
>
> 鸟飞云锦千层外，人在丹青万幅中。
>
> 景物相夸春亘野，古今皆梦水连空。
>
> 浓妆淡抹坡仙句，独许西湖恐未公。
>
> （《张养浩集·登汇波楼》）

北水门

元延祐二年（1315）下半年，张养浩曾以礼部侍郎的身份征舶（征收船舶税）于泉州，中途在杭州逗留多日，他曾对杭州西湖美景做了详细刻画："一片楼台四面山，玻璃摇碎锦斓斑。画船载酒来天上，宝月和云落世间。千古风烟留客醉，几时鱼鸟伴余闲。乃知西子真尤物，竟日令人不欲还。"西湖的繁华秀丽给张养浩留下了极为深刻的印象，使他产生了流连忘返的感觉。而他在济南北水门上看到的秀丽景色，完全可以和西湖媲美，他甚至埋怨苏东坡把"淡妆浓抹总相宜"（《饮湖上初晴后雨》）的美好诗句来夸赞西湖，是不公允的。他进而把汇波楼一带比作蓬莱仙境："久处红尘眼倦开，飘然今喜到蓬莱。春风碧水双鸥没，落日青山万马来。柳外行舟喧鼓吹，途中过客指楼台。一时人境俱相称，却恐新诗未易裁。"（《张养浩集·同乡友宴汇波楼》）

北水门上，雄伟的汇波楼在美丽的大明湖映衬下，形成了一道景观：日落时分，夕阳的光芒穿过晏公台券门折射在汇波桥下，只见湖水粼粼，浮光耀金，垂柳低垂，摇曳水中，万枝婀娜，舒卷娇柔，人仿佛置身于画幅之中。是为"汇波晚照"，是济南八景之一。

汇波晚照

风景满眼，这就是济南！

开闭北水门，后来还成了济南人旱年祈雨的习俗。伪齐皇帝刘豫开通小清河以后，济南城北之水可通过小清河直流大海。即使济南北部变成一片沼泽地，积水倒灌城内的现象也很少出现了。为保持大明湖"久旱不涸"，平时北水门一般呈关闭状态。

北水门为何常闭不开呢？原来这是老济南的一个俗信。民国倪锡英在1936年出版的《济南》一书中介绍说："在济南人的习俗上，这重门照例是'门虽设而常关'的，因为风水的关系，如果开了北门，济南全城便有异灾。但是如果在大旱的年头，百姓们祈雨，只要把南门关闭，把北门打开，雨水便会及时地落下来了。其实，这是一种迷信，因为这重门是一个水闸，在平时即很少有人进出，因此开着倒不如关闭的好。"

顺便讲一个民国初期北水门的段子：

1919年7月，北洋政府委任38岁的屈映光为山东省省长。这届省长早年曾追随辫子军总领张勋，人送外号"屈辫子"。屈映光上任不久，就赶上了1920年的山东大旱："自开春以来，雨泽缺少，二麦槁枯，秋收无望。一班农民，皆叫苦连天，大有岌岌不可终日之势。"眼见得山东地儿上久旱无雨，屈省长从5月下旬起，便一次次率领着一干人马来到芙蓉街中段的龙神庙，"焚香默祷，以求普降甘霖"。可老天爷哪管你官大官小，就是不肯降下半点儿雨珠。这时，有个属下告诉他：本省即墨县有一面"龙牌"，法力通天，有求必应。屈省长一听，立即派出专员把这面"龙牌"恭请到济南，并把它安放在龙神庙中，"供之上座，每日必沐浴叩齿，焚香膜拜"。屈省长虽有祈雨之心，可"龙牌"就是不显灵，"香烟缭绕之中，竟呆呆出日"。

屈映光

这下可把省长大人急得寝食难安，头痛不已。接着又有消息灵通人士禀告，说河北邯郸有 "铁牌"一块，其法力如同孙悟空的金箍棒，用它往天上一指便可"风云生，再指而雷雨作"。屈映光闻听大喜，急忙又派专员不远千里，请来"铁牌"。当时许多"老济南"都见过这面"铁牌"，大约有四寸宽，但已锈迹斑斑。"铁牌"依然"供之龙神庙中，照例膜拜，照例祈祷。诚心求之，日复一日"，只是"有时上天亦油然作云，有山雨欲来之势。而倏忽之间，烟消日出。风伯雨师，即拨转云头，徜徉而去"。

这时，济南老百姓流布传言，说济南城北水门平时不开，只要打开北门，马上就会下雨。屈省长马上令人开启了北水门。俄而又有传言，说济南南门一关，即可得甘霖，屈省长只好又下令关闭南城门。折腾来折腾去，"北门开矣，南门闭矣；龙牌来矣，铁牌至矣"，可老天爷就是不买他这个账。

堂堂一省之长竟一时没了主张：这老天爷太不像话，本省长如此苦心祈祷，百姓如此呼吁哀告，他老人家竟毫无怜悯之意，束手旁观，一毛不拔，真是岂有此理！想着想着，他一拍脑瓜：有了，何不发个祈雨布告，以让老天知我之诚意，也让百姓知我关心民瘼。6月11日，省长布告正式发布。好在这份布告文字不长，读者看完上文再看这份布告也不会有太大阅读障碍，特将原文照录如下：

照得（山）东省自春徂夏，雨泽延期，二麦将枯，秋禾未种。本省长深维现状，殊切隐忧。比经请得即墨县龙牌，于五月二十九日，率属祈祷，冀荷天麻，现已浃旬，而各处呈报得雨者，尚不过三十县。甘霖未遍，寝馈难安。兹复派员赴直隶邯郸恭迓铁牌来东，于龙神庙供奉。本省长谨虔诚斋沐，自本月（1920年6月——笔者注）十二日起，每日率同僚属，拈香步祷，以冀仰格苍穹，苏我黎庶。其设坛及禁屠等事，仍由历城县知事循旧敬谨办理。特此布告。

屈省长在发出这个布告十几天后，也即1920年6月24日，北洋政府总统徐世昌下令免除屈映光省长职务调京任用，由浙江省省长齐耀珊接任山东省省长。屈映光祈雨之事，不了了之。说实在的，这还真不是一个瞎编的段子，因为这事刊登在1920年6月17日《民国日报》上，题目是《屈辫子祈雨怪象》。如此，应是庶几接近事实之真况。

话说回来，济南城北的水患解除了，曾巩悬着的心终于放下了。

城南呢？如何防范济南南山下来的洪水呢？

曾巩琢磨，只有在城南和城西以外修建一条新渠，把南山下来的洪水直接通过城外导入城北并引水灌田，如遇大雨，不就能避免洪涝直袭城内吗？

说干就干。他直接选定在南关阅武堂（亦称演武场）以南开拓渠道。

一条"新渠"（今南城壕与西城壕，即南圩子河与西圩子河）迅即修成。这样更好地解决了城内的水患，又充分利用山水灌溉城西北的农田，一劳双益。

曾巩对自己的杰作甚感欣慰。于是，在新渠竣工之日，他写了一首《阅武堂下新渠》对新渠夸赞一番：

方渠新凿北林开，流水遥经画阁来。
洗耳厌闻夸势利，濯缨羞去傍尘埃。
不忧待月乾诗笔，已欲看华泛酒杯。
却忆虎溪桥上过，夜凉临砌尚徘徊。

新渠已成一幅漂亮的画图！

曾巩忘年之交孔平仲来济南探望曾巩时，曾在曾巩的陪伴下到新渠一带游览，孔平仲在曾巩的要求下赋诗一首，题曰《阅武堂下新渠》：

东来细溜长，西去余波涨。
能收四海心，乐此一渠上。

修完了北水门、新渠等益民设施，曾巩又动用盈余财力，开通了由长清去往博州（今聊城）、直达魏州（今河北省大名县）的官道。官道修好后，按《宋史·本传》的说法是："人皆以为利。"有利于老百姓出行，也方便了道路交通。

由于曾巩在济南积累了大量治水、开路的经验，后来他在担任其他州州官时，在城市建设和城市管理中，也往往以治理河渠、疏导交通为工作重点。

熙宁六年（1073）六月，曾巩调任襄州知州。一天，他碰巧遇到了开封知府孙永。孙永曾在襄州下辖的宜城县当过县令，并在那儿修过一条长渠。他虽然早已离任，但十分牵挂长渠之事，于是托曾巩抽时间做些了解。曾巩亲到宜城做了实地考察，发现该渠早已坏废。后来曾巩联合孙永对长渠进行了修缮，并制定了管理制度，使长渠产生了效益。

曾巩将这些情况写成了《襄州宜城县长渠记》一文，在这篇文章中，他记述了修复长渠的过程："长渠至宋至和二年（1055），久隳（huī，毁坏）

不治，而田数苦旱，川饮者无所取。令孙永曼叔率民田渠下者，理渠之坏塞，而去其浅隘，遂完故碣（堰壁上的缝隙），使水还渠中。自二月丙午始作，至三月癸未而毕，田之受渠水者，皆复其旧。曼叔又与民为约束，时其蓄泄，而止其侵争，民皆以为宜也。"几十年后，当地的老百姓依然在遵守那时的制度，水渠也在继续发挥着作用。曾巩还将这一情况上报朝廷主管农业的部门。

JINAN 济南故事

第六章

筑堤架桥　试看何似武陵游

解决了齐州城里城外的水患，曾巩着手利用疏浚湖水时挖掘出的泥土，在西湖和东湖之间修建了贯穿南北两岸的长堤，名曰：百花堤。沿堤栽花种柳，号称"百花林"。百花堤中间修有几座石桥，以沟通西湖、东湖之水。楼台亭阁，错落其间。湖面上，碧波荡漾，画舫穿梭，成为当时济南的一大游览胜地。闲暇之余，曾巩常常漫步在百花堤上，并一路来至北岸登临北渚亭。

那天，清风徐来，面对一湖碧波，曾巩诗情大发，欣然命笔，赋长诗一首，表达他面对新建成的百花堤之胜景的欢愉之情：

如玉水中沙，谁为北湖路？

久翳荒草根，未承青霞步。

我为发其枉，修营极幽趣。

发直而砥平，骅骝可驰骛。

周以百花林，繁香泫清露。

间以绿杨阴，芳风转朝暮。

飞梁凭太虚，峣榭躐烟雾。

直通高城巅，海岱归指顾。

为州乏长材，幸岁足粳稌。

与众饱而嬉，陶然无外慕。

（《百花堤》）

从诗中可以看出，先前的百花堤一带是一片被荒草湮没的水地，经过曾巩整修后，百花堤已变成可驰骏马的笔直平坦大道，间以绿柳、百花，清露芳风，令人心旷神怡。登上长堤北端的城巅——北渚亭，极目远眺，海岱景物，仿佛就在眼前。又赶上个丰收年，与百姓同游百花堤，面对美景，诗人不禁陶然而醉。

人们走在百花堤上，欣赏着西湖和东湖秀丽的景色，从心里感谢这位齐州知州，以至900多年后，人们重修百花堤，并亲切地称它为"曾堤"。真正为百姓做了好事的官员，百姓是世世代代都不肯把他的名字抹去的。

现代诗人洛夫曾写过一首诗：

……

而他的的确确在一夜之间
替西湖
画了一条叫人心跳的眉
且把鸟语，长长短短
挂满了四季的柳枝……

曾堤萦水

洛夫的诗题是《白堤》，说的是杭州西湖那条长堤。诗中的"他"指的当然是白居易。但是，若把这诗句放在曾巩身上，依然是那么恰如其分。杭州西湖的白堤和齐州西湖的百花堤都是"一条叫人心跳的眉"，长长短短的鸟鸣声都挂满了四季的柳枝。

"百花"一词，对于曾巩而言，可谓情有独钟。修建了百花堤，他又在大明湖南岸不远处，修建了百花桥、百花台，终于使这块湖域有了一个自古至今都令人悠然神往的名字——百花洲。据道光《济南府志》记载："百花堤即通往北渚亭之径……百花台、百花桥、百花洲之名，皆由此始。"

有了百花洲的济南愈发美丽，曾巩更是被它深深迷住。百花洲建成后，曾巩曾与客人和全家人乘船游览于此，微醺之际兴之所至，挥笔写下《百花台》一诗：

烟波与客同樽酒，风月全家上采舟。
莫问台前花远近，试看何似武陵游。

在曾巩眼中，他没把治理大明湖、百花洲看作是自己的政绩工程、形象工程，而是兴致勃勃地对百花洲一带的清静优美景色给予了由衷的称赞：眼前的风景分明是武陵桃花源仙境了。同样，在曾巩好友孔平仲看来，百花洲胜景也是别处无可比拟的："南瞻复北顾，春水绿漫漫。此地寻花柳，全胜别处看。"（孔平仲《清江三孔集·百花台》）

曾巩以后，百花洲的故事越来越多。

后来的乾隆皇帝，在寒食节那天从珍珠泉出门，"舍舟行数步""既而复登舟"游览百花洲后，写下了一首咏赞百花洲的诗："蜿蜒岸几转，芳洲乃微露。百花旧传名，春风几朝暮。是时值寒食，万卉霏香雾。诗情偶忆曾，画意谁传顾……"第二天，时值清明，乾隆爷意犹未尽，再游百花洲并写下《清明即景》一诗，这天天朗气清，眼前的景色更是令他陶醉，他俨然成了这方绝妙胜景的主人：

今日湖山分外嘉，百花洲上正蒸霞。

春光大地公鱼鸟，翠色两峰罨鹊华。

杏酪几匙翻雪色，纸鸢数队御风斜。

清明岂是客中度，四海为家到处家。

明代学者边贡是土生土长的济南人，他的祖父边宁曾官至奉政大夫，成了朝廷的五品命官，自此家道始兴，"遂为历城华族"。边贡就是在这样的士大夫家庭中成长起来的，小小年纪"即蔚有文名"。明嘉靖十年（1531），看不惯官场风气的边贡在陕西户部尚书的职位上"以疾恳疏乞归"。回到济南后，他专门在百花洲南畔修建了一座三层高的藏书楼——万卷楼。边贡读书既多，又酷爱收藏图书，为官之时，他曾自称"月俸无多苦积书"；后人也曾说他"所蓄不啻数万卷"。边贡把毕生收藏的金石碑帖、善本秘籍悉心收藏于万卷楼中。岂料第二年，万卷楼遭遇火灾，边贡几十年心血化为灰烬。他仰天痛呼："嗟乎！甚于丧我也！"（《列朝诗集小传·边尚书传》）从此，边贡大病不起，于嘉靖十一年（1532）辞世，终年57岁。

边贡的山水诗中，以描绘济南家乡的作品为多，成就也最大。他的许多诗篇描写了大明湖等名胜的绮丽风光，如描写大明湖佛山倒影的《七月四日泛湖次暮春佛寺韵》：

> 湖上扁舟寺里登，水云如浪白层层。
>
> 横桥积雨斜仍断，卧石临溪净可凭。
>
> 却过竹林忘问主，欲寻莲社恨无僧。
>
> 酒酣更向城南眺，落日满山烟翠凝。

诗中，千佛山寺和空中白云倒映湖中，小桥流水、清溪卧石、竹林斜雨、红日苍山，正如后世名家刘鹗所说，"仿佛宋人赵千里的一幅大画。"

斯人已去，万卷楼也早已废圮。边贡身后，清代诗人任宏远前来万卷楼拜谒，发现万卷楼遗址已成为一片荒苑，他不由叹息道："水云漠漠少人游，更有谁知万卷楼。满壁图书随劫火，百年遗像拜风流。斜风细雨侵荒苑，剩水残山锁故丘。回首当年吟眺处，古槐蝉噪一林秋。"

大约在边贡身后二三十年，另一位明代文坛巨匠也选择百花洲修建了一座"白雪楼"。

这位被誉为明代"后七子"领袖的巨匠名叫李攀龙。李攀龙中年辞官回到济南后，在百花洲上建造三层楼一座，取名"白雪"，用"阳春白雪"之典，表明自己清高不俗、绝不趋炎附势。白雪楼是他读书、会友、藏书、居住的地方。该楼四面环水，且无桥可通，唯靠小舟与洲岸往来。李攀龙知是志同道合者，才会放船迎客。

李攀龙的爱妾蔡姬是济南名吃"葱味肉包"的创制者。据清代郝懿行《证俗文》记载："包子，李沧溟（攀龙）食馒头，欲有葱味而不见葱，唯蔡姬所造乃食。其法：先用葱不切入馅，而留馒头上一窍，其熟，即拔去葱，而以面塞其窍。"当年，李攀龙在白雪楼招待同道好友，吃的就是蔡姬亲手包制的葱味肉包。如今，这个葱味肉包已成为济南人喜爱、外地人青睐的食品伴手礼，堪与天津的大麻花、台北的牛轧糖相媲美。

白雪楼

　　1570年，李攀龙去世。尽管李攀龙生前就已名震文坛，而且还先后担任过刑部主事、顺德府知府、陕西按察司提学副史、河南按察使等官职，但其身后却是一片寥落景象。王渔洋《池北偶谈》记道："李沧溟先生，身后最为寥落。其宠姬蔡，万历癸卯，年七十余矣，在济南西郊卖胡饼自给。叔祖季木考功见之，为赋诗云：'白雪高埋一代文，蔡姬典尽旧罗裙。'沧溟清节可知矣。"一个正三品官员的爱姬在丈夫去世后为生计所迫，竟变卖世居田产，最后沦落到"在济南西郊卖胡饼自给"的田地，其情境之惨然，令人唏嘘。

　　济水之南，百花洲畔。

　　这里景色撩人，这里名人辈出。这里要找出一位形象代言人，很难，难在随便拉出一个名士都令人可亲可佩。明代著名诗人许邦才、近代著名教育家鞠思敏、被誉为"蒲学研究第一人"的路大荒、红色实业家辛铸九，还有……这个名单可以拉出长长一大串，他们都能为这儿代言！他们每个人都可以写成一部厚厚的大书！

　　历史上有这么多真名士在这儿住过、生活过，我们有什么理由不去追随他们的脚步呢？

清代诗人任宏远曾专门赋诗《百花洲》来描绘这里泛舟采莲的动人情景，他这样写道："风过芰荷香，采莲烟水里。缥缈画船移，日暮歌声起。"另一位清代诗人王德荣，则在夏日傍晚来百花洲满怀情致地消暑观雨："风雨暮潇潇，临湖暑易消。山云互吞吐，荷芰自喧嚣。晚渡船归岸，新流涨没桥。相观清兴发，渔笛一声遥。"

以上都是日游百花洲所见所闻，而夜游百花洲则别有一番情趣。清代学者马国翰是在某年的八月初八日夜游百花洲的。他傍晚日暮时分登船先游大明湖，并赋诗一首：

> 一径入芦苇，四周环芰荷。
>
> 秋城暮烟起，别港晚凉多。
>
> 酒热飞螺盏，诗成付棹歌。
>
> 伊人不可见，风露澹微波。

游兴未尽，他又把船划进了百花洲，这时已是夜色深深，不远处谯楼传来了阵阵报更的梆子声：

> 移舫百花渚，萧然夜色增。
>
> 谯楼起宵柝，渔屋闪秋灯。
>
> 水外人千里，天西月半棱。
>
> 归来期后约，还共问鱼菱。

很显然，诗人一夜游百花洲，仍未能尽其游兴，所以还口口声声和别人相约要再来此一游呢！

1927年出版的《济南快览》一书记载了当时百花洲的情况："回龙湾之水，北出百花桥玉带河，会芙蓉诸泉水，自西南注汇，遂为百花洲。洲广十余亩，居民多种白莲，傍岸栽杨柳，四面庐舍，参差相望，真一幅天然画图也。"

百花洲这幅天然画图，竟让多少代人看得眼花缭乱啊。当然，也包括现在

百花洲

的我们。

自古以来，大明湖周边泉多。泉多水就多，河渠就多。为把济南打造成一个真正的"城即园林"之都市，曾巩可谓费尽了心思。大明湖是他每每要去的地方，无论是冬日看雾凇，还是夏日看荷花，美则美矣，但是他总觉得湖畔缺少点什么。

建桥？拱形桥、平桥、石桥、木桥，曾巩设计了若干方案。山不在高，有仙则灵；桥不在多，成景则名。

曾巩想起，历史上扬州有"二十四桥明月夜"之誉。唐朝大诗人杜牧写了一首《寄扬州韩绰判官》的诗，结果，"二十四桥"成就了扬州，进而成了扬州风月、扬州美人的代指，人们一提二十四桥，就会想到扬州：

青山隐隐水迢迢，秋尽江南草未凋。

二十四桥明月夜，玉人何处教吹箫？

当然，二十四桥是一座桥还是二十四座桥的公案，曾巩不愿多想。这个谜底藏在《寄扬州韩绰判官》之中。因为诗人问道，在这二十四桥明月之夜，玉人究竟在何处吹箫呢？这"何处"二字，清楚地说明了"二十四桥"绝不是一座桥。若是一座桥，还用得着问"何处"吗？当然，也不一定恰好是二十四座桥。在古人笔下，三、七、九、十二、二十四、三十六、七十二、一百零八等都不过是些虚拟之数，形容数量众多罢了。况且，杜牧本来就是被人讥为"算博士"的，因为他的诗中好用虚数，如"十二层楼敞画檐""三十六宫秋夜深""南朝四百八十寺"等，"二十四桥明月夜"也是这样的用法，形容唐代扬州的桥梁众多罢了。

于是，大美济南自曾巩始，在大明湖周边形成了一个名叫"七桥风月"的景观带。就像二十四桥一样，人们一提"七桥风月"或"七桥烟月"就会想到济南，就会想到济南风月和济南美景。

曾巩本人对湖畔的"七桥风月"胜景更是念念不忘，他在告别济南之后，专门写了一组《离齐州后五首》，诗中酣畅淋漓地表达了对这一景观难以割舍的眷恋之情：

> 将家须向习池游，难放西湖十顷秋。
> 从此七桥风与月，梦魂长到木兰舟。

"七桥"到底是不是实有七座桥梁？曾巩先生没说。其实，他不用说，因为"七桥风月"就是大明湖，"七桥风月"就是济南。

倒是后来有好事者为了凑足"七桥"之数而煞费苦心。

元代于钦最先对"七桥"进行了记载，他在《齐乘》卷五"百花桥"条下云："环湖有七桥，曰芙蓉，曰水西，曰湖西，曰北池之类是也……今皆废矣。唯百花桥与泺源石桥仅存。"文中所列桥名只有六座，不足"七桥"之数。

到了明末，刘敕在《历乘》"百花桥"条下记道："环湖有七桥，曰芙蓉，曰水西，曰湖西，曰北池，其三失名……各桥俱废，而此桥独存。"刘敕的说法和于钦基本类同，只是到了明代末年，"七桥"之中只有"百花桥"存在，其余各桥均已废圮。

清初诗人王士禛在《香祖笔记》卷九中把于钦的"泺源石桥"一拆为二，总算凑足了"七桥"之数："环明湖有七桥，曰芙蓉、水西、湖西、北池、百

大明湖的桥

花、泺源、石桥。"

曾巩的忘年好友孔平仲在熙宁六年（1073）三月，曾因事自密州经青州到了济南。此前，孔平仲虽然未到济南，但听他在济南为官的哥哥孔武仲介绍，他已对济南的历史文化和生态风貌有所了解，他在《寄常父》一诗中写道："历城未到已尝闻，文彩鱼盐市不贫。千里山川齐故地，百年风俗舜遗民。泉声滑滑长如雨，海气昏昏晚得春。北渚环波皆好景，为兄诗笔长精神。"

来济南路上途经济南东郊王舍人庄时，因天色已晚，又加上刮风下雨，孔平仲当天只好暂居王舍人庄。当晚，他作《王舍人庄》（《清江三孔集》卷二十四）一诗，表达了他急于来到"洗耳流泉"的济南以及见到哥哥孔武仲和曾巩的心情："西出齐州似不远，晚留逆旅尚徘徊。泰山一夜兴云雨，洗耳流泉待我来。"

到了济南后，孔平仲见到了曾巩，尊称长他25岁的曾巩为长者，并作《上曾子固》，云："海邦穷僻想知音，匹马春风入岱阴。千里山川忘道远，一门兄弟辱恩深。发扬底滞先生德，振拔崎岖长者心。更以诗篇壮行色，东归胜挟万黄金。"

此后孔平仲在曾巩和哥哥孔武仲的陪同下游览济南，并作《曾子固令咏齐州景物，作二十一诗以献》，是当时与曾巩的唱和之作。他在这21首诗中，写到了水西、百花、芙蓉诸桥，可以让我们了解当时"七桥"的风貌，他笔下的芙蓉桥是这样的：

　　　　出城跨岧峣，惊目见花艳。

　　　　飞盖每来游，佳境此其渐。

　　　　　　　　　　（孔平仲《芙蓉桥》）

　　水西桥是这样的：

　　　　景物此清淡，幽亭独细论。

　　　　恐人容易过，常锁水西门。

　　　　　　　　　　（孔平仲《水西桥》）

　　百花桥的风景自然更是花满香飘：

水西桥

花满红桥外，寻芳未渡桥。

春风相调引，已有异香飘。

（孔平仲《百花桥》）

七桥，孔平仲写了三桥，可见"七桥"为实数之说，还是有一定依据的。当然，我们宁可相信曾巩的"七桥风月"乃是虚数，只是说明济南水多，水多，桥梁自然不会少。

清代黄景仁（1749—1783）在应顺天乡试南归途中游历济南时，曾写过一首《偕石缘游历下亭》的诗，"七桥风月"在他眼中只剩下秋风飒飒的水西桥头的水西亭，不免感觉有些肃杀：

城外青山城里湖，七桥风月一亭孤。

秋云拂镜荒蒲芡，水气销烟冷画图。

邕甫名游谁可继？颍杭胜迹未全输。

酒船只傍鸥边舣，携被重来兴有无。

古代文人大都有一番悲秋情怀。悲秋的文人看到的"风月"只是秋云拂镜的冷画图，想到李邕、杜甫大明湖雅会的场景不能再现。现代人不是这样。"济南的四季，唯有秋天最好，晴暖无风，处处明朗。"老舍是一位大名鼎鼎的现代作家，他专门写过一篇《大明湖之春》，就在这篇写"春"的散文中，他却不惜笔墨地写了"大明湖之秋"。友人桑子中先生曾为老舍画了一张《大明湖之秋》的油画，老舍描述这幅油画说："湖边只有几株秋柳，湖中只有一只游艇，水作灰蓝色，柳叶儿半黄。湖

老舍

外，他画上了千佛山；湖光山色，连成一幅秋图，明朗，素净，柳梢上似乎吹着点不大能觉出来的微风。"老舍先生说，"上帝把夏天的艺术赐给瑞士，把春天的赐给西湖，秋和冬的全赐给了济南。"此话绝非虚言。

曾巩离任后的那个秋天，他在千里之外，给在济南曾经的同僚们写了一首"七桥风月"的怀念诗：

> 西湖一曲舞霓裳，劝客花前白玉觞。
>
> 谁对七桥今夜月，有情千里不相忘。

（《寄齐州同官》）

如今，从大明湖南岸秋柳园东行，但见湖水迂回曲折，逶迤伸展，多座石桥如玉带飘逸，似霓虹卧波。这些桥，有的拱身浑圆，有的规矩方正；有的古朴典雅，有的恢宏端庄；有的绿树掩映，有的身影婆娑；有的傲然屹立，有的姿态绰约……若在朝烟暮霭之时，整个"七桥风月"景观带烟水空蒙，水汽缭绕，极尽烟雨缥缈之趣，令人流连忘返。

曾巩魂牵梦绕、千里难忘的"七桥风月"，今夜谁对？

我们！

JINAN 济南故事

第七章

到郡一年 每来湖岸合流连

又到盛夏。

曾巩来济南已整整一年。

春夏两季是济南的旱季。古时候，农耕社会主要是靠天吃饭，这个"天"是指雨水。为了确保庄稼丰收，百姓安居乐业，年逾半百的曾巩不畏路遥，多次到泰山和岳庙为民献祭祈雨。

> 旱气满原野，子行归旧庐。
>
> 吁天高未动，望岁了何如。
>
> 荒土欲生火，涸溪容过车。
>
> 民期得霖雨，吾岂灌园蔬。
>
> （《酬介甫还自舅家书所感》）

古代官员祈雨

曾巩在这首诗中，描述了当时济南地区的大旱景象：荒土欲生火；涸溪容过车，老百姓呼天天不应，期待着天降甘霖。一心为民着想的曾巩，又哪有闲心拿着贵重如油的水浇灌自己的花园菜地呢？

据《元丰类稿》统计，仅在初到济南的一年中，曾巩就曾亲自两登泰山祈雨。解了干渴之苦、风调雨顺、喜获丰收后，他又亲赴泰山谢雨，以表对天地水神的感激之情："隐然雷出，霭然云蒸。洒甘霆以兼夕，灭害气于无形。盖西极于甸服，东属乎沧溟。人盈其望，物遂其生。黍芃芃（茂盛的样子）而擢秀，粟蕤蕤（茂盛的样子）而敷荣。使时沴（lì，天灾）遂熄，年功可成。人食丰乎钟鬴（fǔ，锅），神祀衍乎粢（zī，古代供祭祀的谷物）盛。民相安于田里，吏无用于威刑……"

天降甘霖，五谷丰登，物阜民丰，百姓无冻馁之虞，自然会安居乐业；作为父母官的曾巩，当然大为感动，于是，他写下了上面这篇文情并茂的《泰山谢雨文》。

天遂人愿。

熙宁四年（1071），曾巩到任济南的那天，久旱的齐州大地恰逢甘霖普降，那天是六月十三。

巧合的是，熙宁五年（1072）六月十三，曾巩来济一周年的那天，济南又下起一场潇潇时雨。

曾巩冒雨站在田间地头，看着田垄里已经开始秀穗的谷子，心里喜道："今年又是一个丰收年啊！"他情不自禁地口占一诗：

> 去年六月焦原雨，入得东州第一朝。
> 今日看云旧时节，又来农畔听萧萧。

兴致勃勃之下，他特意为这首诗写下了长达26个字的诗题《去年久旱，六月十三日入境，得雨。今年复旱，得雨，亦六月十三日也》。六月十三，真乃曾巩之吉日！

入夜，听着潇潇雨声，曾巩不能成寐，翻身起床，谦逊地用诗笔对自己一年来的工作做了一次小结：

> 薄材何幸拥朱轩，窃食东州已一年。
>
> 陇上雨余看麦秀，桑间日永问蚕眠。
>
> 官名虽冗身无累，心事长闲地自偏。
>
> 只恐再期官满去，每来湖岸合流连。
>
> （《到郡一年》）

曾巩为官，信奉的是恪尽职守、夙夜在公。他在政事决策上举重若轻，说得少，做得多。他不像那些习惯于弄虚作假的政客一样，有一点功劳就大吹大擂。一年来，他的政绩，济南老百姓都看在眼里，记在心里。但他自己却从不张扬和炫耀，甚至认为自己是个"薄材"，不该坐在官衙"朱轩"里，"窃食"齐州百姓的民脂民膏。然而，由于曾巩率真的秉性，却给他的政敌提供了口实。以致后来资政殿大学士吕公著便在宋神宗面前打小报告，说曾巩"为人行义不如政事，政事不如文章"，把他评价成一个品格低下、碌碌无为的庸官，断言他不堪重用。自然，这是后话。

曾巩深深爱着齐州的山山水水，还有生于斯长于斯的济南百姓，他一直担心任职期满后不得不离开济南，所以常常来到湖畔流连不已，不忍离去……

曾巩要把齐州，哦，济南，死死铭刻在心里。

这点，我们在他的《酬强几圣》一诗中可以找到更充分的证据：

> 俯仰林泉绕舍清，经年闲卧济南城。
>
> 山田雨足心无事，水榭华开眼更明。
>
> 新霁烟云飞观出，晚凉歌吹画桥横。
>
> 寄声裴令樽前客，只欠高谈一座倾。

抬头是林木，低首是清泉；雨水润田地，亭榭花卉盛；天青绕白云，画桥伴歌声……一个"闲"字，表达出曾巩心目中的济南城竟然是那么令人心旷神怡！更刻画出了任职齐州"官名虽冗"，但曾巩举重若轻治理得政通人和后的阔达、轻松心境。

济南的秀丽景色也让在济南为官的曾巩感到自豪和骄傲，他热情地不断向朋友们推介济南是一块好山好水的好地方。这年秋天，在离济南不远的郓州为官的邵资政写信给曾巩，说"入秋以来，甚有游观之兴，而少行乐之地"，希望曾巩写诗介绍一下他为官之地的"山水之景"。曾巩接到他的信后，兴致勃勃地写了一首长达200字的长诗回复邵资政。他笔下的济南是这样的："……喜有山围郭，仍怜水满津。清华闲耳目，潇洒长精神。秀色秋来重，寒声雨后新。宿云当户牖，流月过松筠。北圃分殊境，西湖断俗尘。渚花红四出，沙鸟翠相亲。芡老含珠实，鱼惊跃锦鳞。飞梁凌窅渺，虚榭压潆沦（水深广貌）。岭对横修竹，洲分抱白蘋……"（《寄郓州邵资政》）在这里，有如屏青山，有遍地泉水，处处清华，满满潇洒，尤其是一场秋雨过后，暮色苍茫中，窗外流彩的暮云，竹梢上划过的明月；还有那城北花圃的幻境，大明湖清奇的雅趣，洲头烂漫的红花，被惊起的鸥鸟，结满果实的鸡头米，一跃出水的湖鱼，凌霄的飞檐，凌波的水榭，修长的绿竹，拖曳的水草……这是一幅多么清奇的山水大画啊！

济南的秋天

这幅大画像卷轴一样，一寸一寸漫展开来，多少年后，一个震动文坛的文学大家——老舍点明了这幅画卷的"画眼"："济南的四季，唯有秋天最好，晴暖无风，处处明朗。这时候，请到城墙上走走，俯视秋湖，败柳残荷，水平如镜；唯其是秋色，所以连那些残破的土坝也似乎正与一切景物配合：土坝上偶尔有一两截断藕，或一些黄叶的野蔓，配着三五枝芦花，确是有些画意。'庄稼'已都收了，湖显着大了许多，大了当然也就显着明。不仅是湖宽水净，显着明美，抬头向南看，半黄的千佛山就在面前，开元寺那边的'橛子'——大概是个塔吧——静静地立在山头上。往北看，城外的河水很清，菜畦中还生着短短的绿叶。往南往北，往东往西，看吧，处处空阔明朗，有山有湖，有城有河，到这时候，我们真得到个'明'字了。"（《大明湖之春》）

秋山，秋水。

秋色，秋声。

是济南，是诗。

是曾巩诗中的济南。

其实，在曾巩任职济南还不到一周年之时，就有一位道家友人来函询问曾巩何时离开济南回家乡。曾巩写下《次道子中书问归期》以答，诗中对自己用了不到一年的时间，通过除暴安良、去民生苦，从而把齐州治理成平安之州的大好局面进行了客观描述：

> 窃食东州岁未期，蓬莱人问几时归。
>
> 凭栏到处临清泚，开阁终朝对翠微。
>
> 两印每闲军市静，双旌多偃送迎稀。
>
> 一枝数粒身安稳，不羡云鹏九万飞。

诗中"未期"一词，言不足周年也。"未期"一词又见曾巩《齐州杂诗序》："余之疲驽来为是州，除其奸强而振其弛坏，去其疾苦而抚其善良。未期图圄多空，而桴鼓（报警的鼓声）几熄。""疲驽"原指衰老的劣马，在这里曾巩用来自谦，说自己愚钝无能。曾巩告诉这位道家子弟：我来齐州（窃食：窃取俸禄。谓任官而无作为。常用来作自谦之词）还不到一年，你（蓬莱人，指道家之人）便问我何时返回。在济南为官，每天都可以看到清澈透明的泉水和湖水，和下属相处得很和谐（开阁，指礼贤爱士），办公条件也很优越，每天都看得见郁郁青山。由于境内肃静，兵士得以休养生息，迎来送往（双旌，代指官员的仪仗）的事情也不多。所以，我宁肯安于这种简朴的工作和生活，也不羡慕大鹏一飞九万里的生活。

曾巩以只争朝夕的精神，欲把济南打造成一座幽栖生活的世外桃源。他真担心，担心朝廷把他调往别处，离开济南。

好友赵抃（biàn）有"铁面御史"之称，史上与"黑面包拯"齐名。曾巩知齐州时，恰逢赵抃知青州。听说赵抃在青州成功治理了蝗灾，曾巩马上写了一函从济南寄给赵抃，在信中他歌颂了赵抃的"一琴一鹤"的高尚品德，褒扬了赵抃的救灾功绩（见《宋史·赵抃传》："（知青州时）京东旱蝗，青独多麦，蝗来及境，遇风退飞，尽堕水死。"另据苏轼《赵清献公神道碑》记载："时山东旱蝗，青独多麦，蝗自淄齐来，及境遇风，退飞堕水而尽。"）。

赵抃接到曾巩信函，马上写诗回寄曾巩。诗中称赞曾巩治理齐州有方，盼望曾巩进一步高升，在更广阔的天地里有更大的作为：

吾志如此江清白
虽万类混肴其中
不少浊也
——北宋·赵抃

赵抃

太守文章笔缙绅，两湖风月助吟神。

讼庭无事铃斋乐，聊屈承明侍从人。

乐天当日咏东吴，一半勾留是此湖。

历下莫将泉石恋，而今天子用真儒。

（赵抃《寄酬齐州曾巩学士二首》）

赵抃的这两首诗不仅高度评价了曾巩的文学才华以及治理齐州特别是大明湖的政绩，而且清晰表达了为政简易，以讼庭无事为乐的执政理念，以及盼望朝廷"用真儒"的选人用人路线。针对曾巩"只恐再期官满去，每来湖岸合流连"的想法，劝他"历下莫将泉石恋"，期待朝廷对他赋予重任。

曾巩不是不盼望自己高升，只是来济南一年来，他深深地爱上了这座城而不忍离去。

是济南这块热土，给了他施展行政才能、展示文学才华的大舞台。

赵抃，作为挚友，你的话未必说到曾巩心里去啊。

几年后，赵抃知越州时采取得力措施，平息了一场特大旱灾和重大瘟疫，曾巩专程去越州实地考察后，写下了著名的《越州赵公救灾记》（见本书附录）一文，记述了赵抃亲临一线救灾抗疫的全过程，并指出，赵抃救灾抗疫经验的价值和意义，在于"其仁足以示天下"，"其法足以传后"。当然，这也是后话。

修建百花堤的同时，曾巩还在靠近大明湖北岸的一块洲地高台上修建了一座北渚亭，给大明湖增添了无限风光。

在古代，人们把水中的洲地称为"渚"，譬如，水草丰美之洲谓之"良渚"，南部的水中洲地谓之"南渚"，同样，地处北部的洲地自然称之为"北渚"。《九歌·湘夫人》中"帝子降兮北渚"，就是说：湘夫人来了，降临在洞庭湖北面那块洲地上。

考济南"北渚"之名，则始于杜甫之诗《陪李北海宴历下亭》："东藩驻皂盖，北渚凌青荷。"杜甫的这两句诗对仗十分工整，"东藩"对"北渚"，"驻"对"凌"，"皂盖"对"青荷"，方位对，颜色也对，至为工巧。"东藩"即指北海郡，"北渚"就是后来曾巩建北渚亭所在的洲地位置。"凌"为凌空、凌虚之"凌"，意思是从古大明湖近南的历下亭（作者注：历下古亭几经迁址，此处不再赘考），看大明湖的北渚高踞水中，四周满是青荷环绕，景致绝佳。

北渚亭雄峙壮观，飞梁和重檐似笼罩在白云之中，给人以人间仙境的感觉。曾巩离开济南100年后，被尊为"北方文雄"的元好问登临此亭仍认为北渚亭是一"绝胜"之处。他在《济南行记》中写道："凡北渚亭所见，西北孤峰五：曰匡山……曰粟山……曰药山……曰鹊山……曰华不注……大明湖由北水门出，与济水合，弥漫无际。遥望此山，如在水中，盖历下城绝胜处也。"他还记道："天晴登北渚，则隐隐见之（泰山）。""由南山而东……与海山通矣。"

北渚亭建好后，曾巩公干之余每每从大明湖南岸的郡衙，沿百花堤北行至北渚亭驻足，以赏整个济南的湖光山色，兴之所至，甚至一直坐到午夜才回。曾巩有诗云：

元好问

四楹虚彻地无邻，断送孤高与使君。

午夜坐临沧海日，半天吟看泰山云。

青徐气接川原秀，常碣风连草本薰。

莫笑一樽留恋久，下阶尘土便纷纷。

（《北渚亭》）

曾巩坐在四大开间的北渚亭内，仿佛置身于高高的云端，看到了广袤的九州大地上那秀丽的山川，闻到了四野无垠的草木之香气。到了午夜时分，仿佛就能临视沧海中正待冉冉升起的一轮红日和那巍巍泰山上的缭绕烟云。

曾巩在济南为官两年，不知多少次登临此亭。他在这儿观景怡神，在这儿宴请宾客，在这儿赏雪听雨，在这儿为了齐州的发展深谋远虑……

振衣已出尘土外，卷箔更当风雨间。

泉声渐落石沟涧，云气迥压金舆山。

寒沙漠漠鸟飞去，野路悠悠人自还。

耕桑千里正无事，况有樽酒聊开颜。

（《北渚亭雨中》）

诗中的金舆山，是华不注山的别名。"云气迥压金舆山"，是说云雾笼罩着"孤峰特拔以刺天"（北魏郦道元《水经注》）的华山。这一景观被后人以"鹊华烟雨"一名列入济南八景。"鹊华烟雨"的命名，最早见于崇祯十三年《历城县志》卷二《封域志·山川》"鹊山"条目："历下客山胜，而北方之镇，鹊华并峙，每当阴云之际，两山连亘，烟雾环萦，若有若无，若离若合，凭高远望，可入画图，虽单椒浮黛，削壁涵青，各著灵异，乃昔人合标其胜曰'鹊华烟雨'。"成书于崇祯六年（1633）的《历乘》，其卷十五《景物考》则云："昔人标为八景，而沧桑代变，湮没者多。"足见济南八景之一的"鹊华烟雨"在明代时就已历经久远。"昔人合标其胜"，更是说明明朝以前的济南人就有了一种"大景观"的概念。"合标"用现代话来说，就是"打包"处理，两山相距甚远，距济南老城也有十数里之遥，把鹊华二山和大明湖"合标"为一景，足见古人之智慧。这与后来人们常提到的济南另一景观"齐烟九点"有着异曲同工之妙：站在千佛山上，向北一望，十几座山头尽收眼底，构成一幅精致的大景观。

在曾巩离开济南的第二年，苏辙于熙宁六年（1073）来到齐州担任掌书记。来济南之前，苏辙就对济南向往已久："始余在京师，游宦贫困，思归而不能。闻济南多甘泉，流水被道，蒲鱼之利与东南比，东方之人多称之。会其郡从事阙，求而得之。"（苏辙《舜泉诗并叙》）可见，济南的富足和美誉是苏辙主动要求来济南工作的动因。到济南后，他在《北渚亭》诗中描绘了月夜于北渚亭宴饮游乐的情形：

苏辙

西湖已过百花汀，未厌相携上古城。
云放连山瞻岳麓，雪消平野看春耕。
临风举酒千钟尽，步月吹笳十里声。
犹恨雨中人不到，风云飘荡恐神惊。

苏辙登北渚亭正是春季的一个月夜，是白天游玩百花洲和西湖以后，游兴未尽，遂相约三五好友来北城登亭宴饮。在诗中撷拾旧典，他甚至把济南的北渚亭想象为楚辞《九歌》中的"北渚"，由此生发出美丽的联想，并据以立意，使人读后浮想联翩。

在曾巩离开济南21年后，"苏门四学士"之一的晁补之来到这里，见北

明湖宝鼎

渚亭经过20多年的风雨侵蚀，有些地方已经坍塌，便加以修复，并应下属请求，草就了一篇《北渚亭记》。但晁补之总觉得此记不能传达出所领略到的湖山之美，且有模仿曾巩《拟岘台记》（拟岘台为江西抚州第一胜景，与河北幽州台、山西鹳雀楼、赣州郁孤台齐名。兴建当年，曾巩曾作《拟岘台记》，为台记之权舆也）之嫌，遂改作《北渚亭赋》。他在序言中说："尝登所谓北渚之址，则群峰屹然列于林上，城郭井间皆在其下，陂湖迤逦，川原极望……旷然可喜，非特登东山小鲁而已。"文章写出了高高北渚亭巍然可观的非凡气势。今大明湖北门里陈列的明湖宝鼎上铸有晁补之的《北渚亭赋并叙》全文。

又过了60多年。此前半个世纪，大宋王朝已经分崩离析。此时朝代已经更替，北渚亭依然高高耸立在大明湖北渚台上。

元世祖中统元年（1260）盛夏季节，元特使郝经出使南宋路经济南时，曾在北渚亭游宴，郝经高度赞美济南湖山之美，说"江南风景已不殊"，而"（北）渚亭即是西湖亭"：

往年薄游宴渚亭，高秋霜落波光清。
今年持节又来宴，菱叶荷花香半城。

城南倒插泰山脚，城北沉涵海气横。

周围尽浸楼台影，鱼鸟惯闻箫鼓声。

锦堂流出珍珠冷，花底漂摇碎光炯。

名泉多在府第中，绣帘深掩胭脂井。

推波委涛到北渚，汇蓄涵渟数十顷。

虹桥桁柳平分破，巨壑云庄入烟暝。

济南名士多老成，行台突兀皆名卿。

樽中正有李北海，坐上宁无杜少陵？

堰头腊瓮满船求，歌舞要送行人行。

江南风景已不殊，渚亭即是西湖亭。

（元郝经《使宋过济南宴北渚亭》）

这是郝经第二次在北渚亭宴饮。

"持节"一词，指古代使臣奉命出行，必执符节以为凭证。多年前，郝经游宴北渚亭时，正是深秋季节，他看到的是一片波光清莹；而今再游此地，菱叶、荷花的淡淡香气已弥漫了大半个济南城。站在北渚亭上，但见城南诸山郁郁葱葱；往北眺望，华山脚下，水泊浩瀚，烟雨迷蒙。环顾北渚亭周围那如镜的湖水倒映着亭台楼阁，连鱼儿和鸥鹭都听惯了笙歌鼓声。繁华高大厅堂下流出珍珠般的清冷泉水（"锦堂流出珍珠冷"）四句，是"家家泉水，户户垂杨"的真实写照；"济南名士多老成"四句，又将他同济南当地"名卿"们的聚会，和李北海（李邕）、杜少陵（杜甫）在历下亭饮宴相提并论，对杜甫"济南名士多"的赞语做了现实版的注脚。"堰头腊瓮满船求，歌舞要送行人行"，岸边装了满满一船的盛着醇美腊酒的坛子以及岸上载歌载舞欢送郝经的人们，则充分表现了济南人豁达好客的热情，不禁让人想起当年汪伦送别李白时的场景："李白乘舟将欲行，忽闻岸上踏歌声。桃花潭水深千尺，不及汪伦送我情。"（唐李白《赠汪伦》）所以，在诗人眼中，江南美景同济南胜景相比已然没有什么特别之处，大明湖畔的北渚亭简直就是杭州的那座西湖亭。郝

北极阁

经写曾巩修建的北渚亭，生动而又形象，空灵而有余味，自然而又情真。

郝经是曾巩的知音，也是济南的知音。

些许遗憾的是，随着岁月更迭，风雨侵蚀，人们再也看不到北渚亭那伟岸身姿了。元代至元十七年（1280），一个名叫杨成的人，在北渚亭旧址上修建了一座北极阁。

而今，登上大明湖北岸的北极阁举目远眺，远山近水，楼台烟树，仍皆成画图。人们可聊以慰藉了。

JINAN 济南故事

第八章

寄情山水（上）

一峰孤起势崔嵬

　　北宋时期的济南，风景宜人，文化昌达，是文人墨客乐于驻足吟咏的地方。加上曾巩来后对湖、山、林、泉的不断治理，先后修葺了许多楼台亭阁，如静化堂、名士轩、西轩、芙蓉堂、芍药厅、凝香斋、环波亭、水香亭等，使得整个济南成为一方如诗如画的锦绣天地。

　　那望不尽的亭台楼阁，看不够的山水园林，咏不尽的百代景观，忆不完的千古风流，缠绵不绝的万般风情都成了文人歌咏的绝好素材。随着百姓生活逐步安宁、社会秩序趋于稳定，曾巩便在公务之暇遍游济南的山水胜景，并写下了大量歌咏济南风物的诗文佳作。这些诗歌语言清丽优美，风格明快疏朗，且数量多达70余首，有着极高的史料价值和艺术价值。

　　千佛山是曾巩喜欢的名胜之一。《史记·五帝本纪》称"舜耕历山"，但是，历山之名在国内有二三十处。曾巩在《齐州二堂记》中，反对《水经注》引郑玄"历山在河东"的观点，认为济南的历山（即千佛山）才是古代大舜所耕种的地方，他考证说："以予考之，耕稼陶渔，皆舜之初，宜同时，则其地

千佛山

不宜相远。二家所释雷泽、河滨、寿丘、负夏，皆在鲁、卫之间，地相望，则历山不宜独在河东也。"曾巩用字不多，但有理有据，得出了舜耕的历山就是现在千佛山的结论。曾巩喜欢千佛山，每次登临千佛山，都有流连忘返之感。为此，他还亲自把趵突泉畔的堂舍命名为"历山堂"。

曾巩也喜欢鹊、华二山。

在大明湖北渚亭上北望，浩渺的莲子湖中，华不注山宛如一株含苞待放的荷花蓓蕾，在水中挺立。最早描绘华山形象的是北魏郦道元，他说它："单椒秀泽，不连丘陵以自高；虎牙桀立，孤峰特拔以刺天。青崖翠发，望同点黛。"（《水经注》）唐代那位号称"青莲居士"的李白形容华山是"绿翠如芙蓉""含笑凌倒景"（《古风五十九首》），更是逼真。

华山

曾巩曾在北渚亭上多次遥观华山。前文谈到，有一次，他在大明湖北岸的北渚亭遇雨，便写下了"泉声渐落石沟涧，云气迥压金舆山"的著名诗句。金舆山，即华不注山，这点曾巩早在翻阅当地志书时就已了然于胸，他在《华不注山》一诗的题注中特意记道："《水经》：华不注山虎牙桀立，孤峰特起，青崖翠岭，望如点黛。《舆地志》又云：亦名金舆山。"每当夏秋季节阴雨连绵之时，半山腰上云雾缭绕，烟雨蒙蒙，酷似仙境，当地人称"华山戴帽"。"云气迥压金舆山"一语，正是对这一自然景象的真实写照。

这天，曾巩专程登临华不注山，下山后，他又在华山脚下寻觅"三周华不注"的历史遗迹：

> 虎牙千仞立巉巉，峻拔遥临济水南。
> 翠岭嫩岚晴可掇，金舆陈迹久谁探。
> 高标特起青云近，壮士三周战气酣。
> 丑父遗忠无处问，空余一掬野泉甘。

诗中提到的"壮士三周""丑父遗忠"，说的是春秋时代的一场重要战役。《春秋》载，鲁成公二年（前589）六月，鲁、卫、曹国参加了以晋国

华山忠祠祭祀的逢丑父像

为首的联军，一起攻打齐国："战于鞌，齐师败绩。"所谓"鞌"（同鞍），即"齐烟九点"之一的马鞍山，现名北马鞍山，在金牛山以西。这次鞌之战，在《左传》上记叙得有声有色。六月十六这天，晋国联军从莘（今山东莘县）追赶齐军进抵靡笄山下（今济南槐荫峨嵋山）。翌日一早，齐军在马鞍山下摆开阵势，齐顷公骄傲轻敌，言称"灭此而朝食"，并亲自坐在战车

上指挥战斗。结果，齐军大败，向东逃去，晋军紧紧追赶，"逐之，三周华不注"。齐顷公慌不择路，绕着华山转了三圈。齐国大臣逢丑父情知不妙，立刻和齐顷公换装易位，冒充齐顷公。战车逃到华山脚下华泉畔时，拉着战车奔驰的两侧战马被树木挂住了缰绳，情急之下，逢丑父以齐君身份命齐顷公下车到华泉佯装取水来喝，结果逢丑父被俘，齐顷公趁机逃脱。后来，晋国联军兵锋直指齐国都城临淄，齐顷公被迫割地求和。鞌之战，作为历史上的著名战例，影响很大，这也使得华不注、华泉、马鞍山成了著名的历史遗迹。

曾巩游览华山，联想起齐、晋两军"三周华不注"的激烈厮杀场面，想到逢丑父危难之时忠心救君王的英勇事迹，不由感叹："空余一掬野泉甘"。俱往矣，只剩了这眼野外的甘泉仍然汩汩而涌。曾巩不免有些戚戚然。

"丑父遗忠无处问，空余一掬野泉甘"，与后来清代诗人赵执信"欲寻丑父易位处，华泉之水今独清"（《华不注行》）有着异曲同工之妙。

华山与鹊山，自古以来就是济南北部的一道盛景。两山东西隔水相望，左右映带，相看两不厌，互为衬托，又遥相呼应，这自然会被诗人联想所聚焦，幻化出无穷的意象和憧憬。如果说，华山如出水芙蓉，那么，鹊山就如美女卧枕。

鹊山

鹊山横列如屏，山上林木青翠，怪石嶙峋，有的突兀矗立，有的壁立千仞，有的悬空欲飞。旧有鹊山院、鹊山亭、扁鹊墓等古迹，传说是名医扁鹊居住行医之处。山下据说原有钟、鼓二石，以石击之，其声可远扬数里。

"总是济南为郡乐，更将诗兴属何人。"诗兴勃发的曾巩写了华山，自然不会落下鹊山：

> 一峰孤起势崔嵬，秀色接蓝入酒杯。
> 灵药已从清露得，平湖长泛宿云回。
> 翰林明月舟中过，司马虚亭竹外开。
> 我亦退公思蜡屐，会看归路送人来。
>
> （《鹊山》）

鹊山得名有两说，一即前文所述，因神医扁鹊居此而得名；另一说是有

鹊华秋色图

人认为山上多喜鹊而得名，如元代诗人元好问，他曾在《济南行记》中写道："鹊山每岁七八月间，鸟鹊群集其上，故名鹊山。"从曾巩诗中"灵药"一词可知，曾巩更愿意相信第一说。

华山脚下古有华阳湖，而鹊、华二山之间原有鹊山湖，碧波万顷，湖光浩渺。从济南城内眺望，山色黛青，近水海蓝，烟波飘缈，景色绝佳。特别是在秋季涵烟欲雨或风片雨丝之中，云气苍茫，轻雾弥漫，鹊、华二山一似飘浮在烟云当中，犹如一幅水墨山水画图。元代赵孟頫的传世名画《鹊华秋色图》就取材于此。清人任宏远《明湖杂诗》中所咏"细雨蒙蒙烟漠漠，凭谁写出辋川图"句，正可移用于此。

曾巩的鹊、华二诗，好像是为200年后在济南为官三年的赵孟頫那幅传世名作《鹊华秋色图》提前做好了构思，只等着赵孟頫铺开画纸，提笔绘就了。

元贞元年（1295）夏秋之交，赵孟𫖯由济南借病乞归，返回阔别多年的故乡吴兴。

生长在吴兴的济南籍诗人周密（公瑾）得知赵孟𫖯曾在济南为官，加上意气相投、志向相通，两人遂成知音。赵孟𫖯曾写《次韵周公瑾见赠诗》，既吐露自己如"池鱼思故渊"的思乡情感，又抒发知音难觅之慨，同时对周密的关照表示感激。周密虽祖籍济南，但从未来过济南，对济南的情况知之甚少。赵孟𫖯还把在济南收购的书画古物拿给周密欣赏，向他讲述济南山川的旷逸秀美，并为他绘制了著名的《鹊华秋色图》。据赵孟𫖯在《鹊华秋色图》的题记云："（周公）谨父齐人也，余通守齐州，罢官来归，为公谨说齐之山川，独华不注最知名。则可知公谨虽为齐人，生平未尝一履齐地也。"

《鹊华秋色图》呈现的是济南北部一带风光，极目远眺，一望平阔，矗立着两座山。右方尖峰突起的是华不注山，左方圆平顶的是鹊山。两山之间，错落着杨树、小松及不知名的杂树。远处一排杉树，郁郁葱葱，有些叶已略脱，树枝分明可见，叶子染红染黄，这是秋的信息。山羊五头，散处在简陋的茅草屋前啮食。水边扁舟数叶，舟上渔叟撑篙。岸边一渔夫持竹竿敲水赶鱼，正待提网。《鹊华秋色图》在赵孟𫖯满怀激情的笔墨色彩交融中，带给了周密一幅遥远的故乡梦境。

再读"虎牙千仞立巉巉，峻拔遥临济水南""一峰孤起势崔嵬""平湖长泛宿云回"，曾巩对鹊、华二山的生动描绘，果真早早就为赵孟𫖯的画作打好了腹稿。

过去，从济南城出发去登鹊、华二山，是十分麻烦的事儿。

距曾巩200多年后，元代文人王恽曾写过一篇《游华不注记》的文章，里面记述了去华山的一些具体情况："自历下亭登舟，乱（穿过）大明湖，经会波楼下，出水门，入废齐漕渠，所谓小清河者是也。泛滟东行，约里余，运肘而北，水渐弥漫。北际黄台，东连叠径，悉为稻畦莲荡，水村渔舍，间错烟际，真画帧也。于是绿萍荡桨，白鸟前导，北望长吟，华之风烟胜赏，尽在吾目中矣。是日也，天朗气淑，清风徐来，水平不波，鸣丝歌板，响动林谷。"曾巩逝世45年后的1128年，刘豫任济南知府，这个曾杀害抗金名将关胜并降金的知府在济南干了一件大事，就是开凿了小清河，填掉了鹊山湖。去华山只能沿小清河东行，在黄台南边航行至华山脚下了。刘豫填湖的行为被后人所贬，如清人朱畹联想到古时曾经的"烟水弥漫相逶迤"的城北景色，"而今平地尽图展，满眼菜花水清浅，漠漠水田白鹭飞，阴阴夏木黄鹂啭。"于是，作《鹊山湖怀古》言："独恨刘豫填此湖，城北风景今顿殊。"

曾巩又有《鲍山》诗一首，写的是济南东部的鲍山，诗云：

> 云中一点鲍山青，东望能令两眼明。
> 若道人心似矛戟，山前那得叔牙城？

鲍山是春秋时齐国大夫鲍叔牙的封邑，故名。遥看云中青青一点的鲍山，为什么会顿觉心明眼亮呢？鲍叔牙荐贤举能的高尚风格，为后人所景仰，堪为楷模。假如世态炎凉，人心像矛和戟一样无情，这鲍山脚下的叔牙城又是怎么来的呢？

曾巩，这位济南人敬重的南丰先生，不仅重民生，更重世风、扬正气。曾巩写鲍山，发思古之幽情，既表达了自己对先贤的褒扬之意，又让"管鲍之交"的真情与鲍山一起融入济南的人文精神之中，光耀万世。

济南城南，群山连绵。

济南之胜，在于一泉，在于一湖，也在于一山。后来有位作家以优美的笔法这样描绘济南千佛山："红的火红，白的雪白，青的靛青，绿的碧绿，更有那一株半株的丹枫夹在里面，仿佛宋人赵千里的一幅大画，做了一架数十里长的屏风。"（清刘鹗《老残游记》第二回）

曾巩到济南南山探寻泉源，恰是桃花梨花开尽时的春雨季节，他眼中的济南城南景色是：

雨过横塘水满堤，乱山高下路东西。

一番桃李花开尽，惟有青青草色齐。

（《城南一》）

一场春雨迅猛而来，池塘水满，顺堤流成瀑布，然后，雨从乱山高处落下，分东西两路倾泻而去。热热闹闹地开了一阵的桃花和李花，此刻已开过时了，只见眼前"一岁一枯荣"的春草萋萋，碧绿一片，充满着勃勃生机。在曾巩心目中，济南南部山区会留给你一种别样的、充满生命力的况味、韵味和无尽的回味。

需要多解释几句，有学者认为，曾巩诗中的"横塘"是指原建业（南京）秦淮河南岸的古堤名，一说"横塘"在苏州西南。实际上，在唐宋诗词中，"横塘"更多用来泛指池塘，如唐温庭筠《池塘七夕》诗："万家砧杵三篙水，一夕横塘似旧游。"唐末牛峤《玉楼春》词："春入横塘摇浅浪，花落小园空惘怅。"宋陆游《秋思绝句》："黄蛱蝶轻停曲槛，红蜻蜓小过横塘。"其中的"横塘"都是指池塘，并非特指。曾巩的《城南》共有两首，在《城南二》中，他又一次写到了"横塘"，并且感叹"身在天涯未得归"，济南到南丰足有1 300公里，足可谓"身在天涯"。再者，根据曾巩在济南时的诗风来看，

济南南部山区风光

《城南》二诗清隽淳朴，富有阴柔之美，也可推定此二诗写的是济南城南。曾巩为考察趵突泉源头并亲自"验之"，多次到过济南南部山区探访，是完全可以肯定的。还是看看他的《城南二》是怎样写的吧：

水满横塘雨过时，一番红影杂花飞。

送春无限情惆怅，身在天涯未得归。

两首诗写的都是雨后山景，意境却各尽其妙。两首诗选取富有济南南部山区典型意义的景物作为描写对象，既含理趣又不失诗意，深刻而自然，还饱含思乡之情，的确耐人寻味。

济南南山，水墨清奇，真是一个采天地间灵秀之气、孕育诗情画意的地方。

还是济南南部山区。灵岩寺风光优美，殿宇峥嵘，自古就是游览胜地。唐代李吉甫《十道图》，把灵岩寺与"润之栖霞（今江苏南京）、台之国清（今浙江天台）、荆之玉泉（今属湖北江陵）"三寺并称为"域中四绝"。早于曾巩30

灵岩寺

年的庆历年间长清县尉张公亮在《齐州景德灵岩寺记》中这样描绘灵岩寺：

　　泰山西北址，群山拥翼，连属百余里。摩空干云，秀拔万状；曲如列屏，削如立壁；矗如撑剑，锐如植圭（古代帝王诸侯举行礼仪时用的玉器，上尖下方）。炜幌掩映，城堡环绕。虎兕（sì，雌性犀牛）奔突，龙蛇盘屈。崟（yín，山石高峻奇特）为岩谷，岈（yá，山深貌）为洞穴。断为溪涧，引为林麓；峰卓岭耸，峦跳巘（yǎn，大山上的小山）叠。翠木阴蔚，飞泉激越。中有川焉，厥土衍沃。齐鲁通道，出于其间。左一山崎起曰鸡鸣，缘北麓绝涧循谷口上，东北走二十里，险尽地平，山势围抱，四面峭绝如堵墙；苍岩之下，绀殿崛起。峻塔贯云，宝楼结瑶，高门嵯峨，长廊连延；远而望若画图中物，即是寺也。

　　曾巩来游，无疑又是历史上的一段山水佳话。

> 法定禅房临峭谷，辟支灵塔冠层峦。
> 轩窗势耸云林合，钟磬声高鸟道盘。
> 白鹤已飞泉自涌，青龙无迹洞常寒。
> 更闻雷远相从乐，世道嚣尘岂可干？
> 　　　　　　　　　（《灵岩寺兼简重元长老二刘居士》）

　　灵岩寺的创始人是法定禅师，他于北魏孝明帝正光元年（520）来此地开辟山场，引泉建寺。法定禅房，被后人称为祖师殿，亦名定公堂，今已废圯。山无寺则野，寺无山则俗。法定禅师先建寺于方山之阴，曰"神宝寺"；后来，人们又建寺于方山之阳、甘露泉西，曰"灵岩寺"。和曾巩同时代的宋代学者卞育在《游灵岩记》中称赞灵岩寺说："齐有灵岩寺，居天下四绝之一。海岱间山水之秀，无出其右者……长廊大厦，其制甚雄。击石鸣金，其徒甚众。"灵岩寺历经唐宋元明清历代重修扩建，形成今日之宏大形制。如今，站在方山之上，居高临下，泰岱景色尽收眼底，绿树古寺，若隐若现，让人顿感灵岩山之灵气充溢，并想起古人"灵岩奇异出尘寰，压尽江南万重山"的诗句来。

曾巩游览灵岩寺时，法定禅师的禅房还建在山东北的悬崖峭壁上并留有遗址，九级辟支塔高耸入云，其亭亭玉立的白色修姿，突出于青山绿树之中。辟支塔以辟支佛命名，塔高54米多，八角九级十二檐，青砖砌垒。塔基石筑，上刻阴曹地府浮雕。塔身每级四门六窗，一至三层双檐，其余单檐。塔顶置细瘦塔刹，由覆钵、相轮、圆光、仰月、宝珠、刹竿组成。最上一层，八角各置金刚一尊，拽拉铁链，使刹加固。塔内设中心柱，东、西、南三面辟龛，内置石刻辟支佛像。塔有砖砌台阶，盘旋登至塔顶，可观赏灵岩胜景全貌。

　　泉因山而生，山因泉而幽。灵岩寺周围，群山环抱，林木葱葱，山泉叮咚，深奥幽邃。一座灵山若是没有了水，那该是多么扫兴的事儿啊。灵岩之幽，一是环境使然，二是心理感受。其实，灵岩之幽，除了树密林深、松柏涌翠，除了古寺隐隐、清风徐来，除了鸟鸣蝉嘈、花香浮动，还有那一汪汪清泉、淙淙潺潺、清浅幽邃。

　　灵岩山诸泉中最著名的一个，叫甘露泉，位于灵岩寺大雄宝殿东北里许，有"灵岩第一泉"之称。历史上许多文人，如元代的郝经、清代的施闰章、

辟支塔

姚鼐、王培荀等咏诗撰文赞美。昔日，这里殿宇众多，著名的有达摩殿、五气朝元殿、观音殿等。东侧悬崖壁立，岩壁杂木丛生。其间隐一石穴，泉水似露珠般泻出，叮咚作响，清冽甘美，故名"甘露泉"。僧人即于此泉汲水煮茶为炊。池上建红柱宝顶小亭，池旁还设石桌石凳，人们常于此博弈吟咏。夜深人静，寺内僧人也常于此说法论经。人称此处为"清凉境界"。乾隆皇帝曾在这里建行宫，并多次驾临，每次均有诗作留世，其中《甘露泉》诗曰："石罅淙泉清且冷，观澜每至小徜徉。设云此即是甘露，一滴曹溪谁果尝。"今泉自崖下石缝流出，汇入长方形池内，清澈见底，绿藻飘动，终年不涸。盛水季节，水自池西壁石雕龙头口中泻出，沿溪奔流，声闻数里。

卓锡泉、双鹤泉、白鹤泉三泉在灵岩寺千佛殿东侧岩壁下，清《长清县志》《济南府志》《灵岩志》均有著录。相传，法定禅师由白虎驮经、青蛇引路，来到灵岩，转了多时，见无水，正犹豫时，忽有樵夫指点，说双鹤鸣处有泉，然后隐身不见。法定禅师顺着樵夫所指的方向走去，两白鹤飞起的地方果然

甘露泉

有两泉，法定禅师便将锡杖插于地上休息，随之顺着锡杖又涌出一泉，这就有了"双鹤""白鹤""卓锡"泉的称谓。三泉相邻，故民间有"五步三泉"之说。曾巩诗中"白鹤已飞泉自涌，青龙无迹洞常寒"一语，就是暗用此典。"洞常寒"的洞当指明孔山的山洞，明孔山"其山一孔，南北相通，盘旋北入，内有石佛像。再入，一窟甚深。山巅有灵光亭，圮。"（清聂钗《泰山道里记》）

五步三泉

三泉之中，以卓锡泉水最盛。泉在崖壁下洞穴内涌出，泉旁石崖苍苔满壁，上垂虬髯翠柏，下植凤尾修竹。卓锡泉东崖壁下，为白鹤泉，呈石窟状，泉自窟壁缝隙中流出。双鹤泉在卓锡泉南，为南北向双池。三泉细流潺潺，汇为小潭，名曰"镜池"，又称"功德池"。池边原有"卓锡亭"，建于清乾隆年间。卓锡泉西侧岩壁，嵌有乾隆皇帝咏泉诗刻五方，其中一首《卓锡泉》诗云："泉临卓锡一亭幽，万壑千岩景毕收。最喜东南缥缈处，澄公常共朗公游。"

灵岩到处都是汩汩泉眼，灵岩泉群还有袈裟泉等40余眼泉，来一次是看不够的。

曾巩"贪婪"地看过它们后，静静地闭上眼睛，沉醉了。曾巩觉得此地很奇妙，很令人心颤，它的美丽充满张力。泉面上弥漫着摄人心魄的氤氲，充溢着超然物外的安详和幽谧。

仁者乐山。

曾巩是一个大仁之人。大仁之人，自然喜欢在名山中盘桓流连。

JINAN 济南故事

第九章

寄情山水（中）

十顷西湖照眼明

智者乐水。

曾巩是一个大智之士。大智之士，自然乐于与水流为伴。

曾巩游览金线泉（今在趵突泉公园内）时，这眼泉水已出现100多年了。

金线泉

> 玉甃常浮灏气鲜，
>
> 金丝不定路南泉。
>
> 云依美藻争成缕，
>
> 月照寒漪巧上弦。
>
> 已绕渚花红灼灼，
>
> 更萦沙竹翠娟娟。
>
> 无风到底尘埃尽，
>
> 界破冰绡一片天。
>
> （《金线泉》）

曾巩离开济南20余年后，临淄有位文学家，名叫王辟之，他在绍圣元年（1094）写成《渑水燕谈录》一书。书中记载了北宋年间金线泉的景况："齐州城西张意谏议园亭有金线泉，石甃方池，广袤丈余。乱泉发其下，东注城壕中，澄澈见底。池心南北有金线一道，隐起水面：以油滴一隅，则线纹远去，或以杖乱之，则线辄不见。水止如故，天阴亦不见。"该泉东壁、南壁各有泉水涌出，两股泉水相拥，聚成一条水纹漂浮移动，水纹在光线映照下，如同一条闪耀的金线。20世纪初，刘鹗写《老残游记》时，也见到了金线泉的奇景。他写道：

那士子便拉着老残蓦到池子西面，弯了身体，侧着头，向水面上看，说道："你看，那水面上有一条线，仿佛游丝一样，在水面上摇动。看见了没有？"老残也侧了头，照样看去，看了些时，说道："看见了，看见了！这是什么缘故呢？"想了一想，道："莫非底下是两股泉水，力量相敌，所以中间挤出这一线来？"那士子道："这泉见于著录好几百年，难道这两股泉的力量，经历这久就没有个强弱吗？"老残道："你看，这线常常左右摆动，这就是两边泉力不匀的道理了。"那士子倒也点头会意。

老残对金线泉金线形成的推测，应当是正确的。王辟之的《渑水燕谈录》称："（金线）泉之出百年矣。士大夫过济南，至泉上者不可胜数，而无能究其所以然，亦无一人题咏者，独苏子瞻有诗曰……"说士大夫来观金线泉者不可胜数，是对的；但说"无一人题咏者"，唯有苏子瞻（苏轼）曾来此烹茶品茗并写过诗，就显得有些孤陋寡闻了！他竟然不知道早在苏轼来济南以前，曾巩就写过《金线泉》一诗加以题咏，而且曾巩之后文人墨客写金线泉的诗文也不少，只是仍然要数曾巩的诗描写得最巧妙：他写泉池水面上的"金丝不定"，宛如在冰蚕丝织的薄薄白绡上界画出一缕金线，一丝丝地游移不定。天上的白云映入池中，嫩绿的水藻随着泉水的涌动而竞相成缕交织在一起，一弯新月倒映在波中金线之上，好似金弓崩上了一根弓弦。加上池畔的灼灼红花，池周环绕的娟娟翠竹，绝对可以叹为观止了。本来金线泉就隐其"奇"而十分令人神往，曾巩的诗作更是引人入胜。

曾巩之后，金线泉一带便成了一处丝竹繁盛之地。元代，时人还在泉畔修建了秀春院："元时设秀春院于其地，檀板银筝，殆金陵板桥之比。王季木（王象春）有诗云：'金线泉西是乐司，务头不唱旧宫词。《山坡羊》带《寄生草》，揭调琵琶日暮时'。"（清王培荀《乡园忆旧录》）元代著名戏剧家关汉卿曾以金线泉为背景发生地写了一出杂剧《杜蕊娘智赏金线池》（简称《金线池》）。由于该剧常年失演，加上该剧文本难以检阅，特将《金线池》故事梗概简述如下：

洛阳秀才韩辅臣游学"路经济南府"，而"济上如今有故人"，遂去拜望

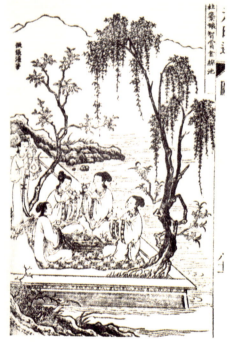

杜蕊娘智赏金线池

有"八拜之交"的济南府尹石好问。来到济南府衙，石好问热情接待了他。席间，韩辅臣结识了家住济南东关的歌伎杜蕊娘，并即席赋《南乡子》词一首，词曰："袅袅复盈盈，都是宜描上翠屏。语若流莺声似燕，丹青，燕语莺声怎画成？难道不关情，欲语还羞便似曾。占断楚城歌舞地，娉娉，天上人间第一名。"这首词博得了杜蕊娘倾心，连连称赞他"好高才也"。

贪财的杜母见韩辅臣银两颇多，又是府尹好友，对他甚为有礼。但没过半年，石好问任满回京，韩辅臣金钱散尽，杜母便不肯相留。于是，韩辅臣负气移居他处。杜母却对杜蕊娘谎称他移情别恋，另有相好。杜蕊娘心性高洁，听说心上人"又缠上一个粉头"，便决绝地嘲讽韩辅臣："咱本是泼贱娼优，怎嫁得你俊俏儒流！"杜蕊娘气恨之下一直不肯原谅他，韩辅臣也误以为杜蕊娘已经变心。

恰在此时，石好问复任济南，韩辅臣便前往诉苦。石好问于是设计调解，暗地出资让众伎设宴于济南"胜景去处"金线池，劝说两人修好。杜蕊娘思念韩辅臣，烦闷忧郁之下喝得酩酊大醉，见韩辅臣来了却又置之不理。韩辅臣羞愤不已，只好再向石好问告状。石好问假意借故要拘拿杜蕊娘，杜蕊娘无奈只好向韩辅臣求救，二人和好如初。石好问出银百两给杜母，又拿出自己的俸银二十两，"整备鼓乐"，"摆设个大大筵席"，把杜家亲眷和"前日在金线池上劝成好事的，都请将来饮宴"。

　　自此，韩辅臣杜蕊娘结为夫妇，"早则是对面并肩绿窗前，从今后称了平生愿。一个向青灯黄卷赋诗篇，一个剪红绡翠锦学针线"。

　　关汉卿借剧中人物多处描绘济南风光和金线池畔秀丽景色。韩辅臣移居他处后，一天，"出门来信步闲行走，遥瞻远岫，近俯清流"。远山列屏障，石上清泉流，正是济南特有生态风貌的体现。剧中，济南府尹石好问对韩辅臣推介："此处有个所在，叫作金线池，是个胜景去处。"来到金线池畔，杜蕊娘唱道"我则见一派碧澄澄"；众人也称"今日这样好天气，又对着这样好景致，务要开怀畅饮，做一个欢庆会"。这些都是对金线泉美景的赞誉。可见，关汉卿若未在济南生活、活动过，很难想象他会借用金线泉为背景编创这一曲悲欢离合的爱情故事。

　　对于大明湖，曾巩更是情有独钟。清人王士禛在《带经堂诗话》卷十四曾说："曾子固曾判吾州，爱其山水，赋咏最多，鲍山、鹊山、华不注山皆有诗，而于西湖尤焉。"信哉斯言。

　　经过曾巩的治理，大明湖风景如画。百花长堤杨柳成行，七桥风月诗情画意，亭台楼阁错落其间，尤其是在荷花盛开的季节，驾一叶扁舟画舫游荡湖上，更是一件惬意无比的事儿。

　　来到济南第二年的盛夏时节，眼见又是一个丰年，这天雨后，曾巩兴奋地带上两个儿子曾绾、曾综，和朋友孔武仲、孔平仲兄弟，还有一个李姓秀才，同游大明湖。此时的大明湖游人众多，画舫如鲫。曾巩一行乘着画舫，悠游在

明湖泛舟

湖面上。只见水面广阔，微风吹拂，<u>丝丝清凉</u>，让人感到非常惬意。远远望去，千佛山、华不注山、鹊山南北环绕，曾巩一行深深陶醉其间。

　　不一会儿，船近环波亭。环波亭四周树木葱茏，回廊清幽。众人登岸依次坐定。曾巩兴致勃勃地对大家说："（曾）巩奉命来是邦，不辱君命，岁又连熟，故得与诸君优游，愿各有诗，以记今日之盛。"说罢，曾巩率先写了一首《环波亭》：

> 水心还有拂云堆，日日应须把酒杯。
> 杨柳巧含烟景合，芙蓉争带露华开。
> 城头山色相围出，檐底波声四面来。
> 谁信瀛洲未归去，两州俱得小蓬莱。

　　曾巩在诗中详细描摹了环波亭的美丽风光：杨柳在微风中摇摇摆摆，荷花在湖中争奇斗艳，花心还带着清清的露珠。济南城的四周被青山相拥，亭檐下有波浪声从四面传来。微醺中的曾巩甚至认为，即使那神奇的东海瀛洲是一个虚无缥缈的神话，齐州和瀛洲也一样都是像蓬莱仙山一般的人间仙境。

曾巩的诗写得很清丽，而且颇有意境，大家连连称赞。于是，孔平仲和曾巩的两个儿子纷纷写了诗。孔平仲吟咏道："潇洒尘埃外，崔嵬清浅中。四轩春水阔，两岸画桥通。"（《曾子固令咏齐州景物作二十一诗以献·环波亭》）

　　听了两个儿子的诗，曾巩见他们少年英发、才思敏捷，甚感欣慰。高兴之余，他连写了四首和诗，这就是《雨后环波亭次韵四首》，其中三首和给儿子曾绾、曾综。大儿子曾绾（字公权，后官至太平州司理参军）那年才17岁，二儿子曾综（字仲文，后为太庙斋郎）刚刚15岁。一首是和给李秀才的。

> 候月已知星好雨，卜年方喜梦维鱼。
> 从今拨置庭中事，最喜西轩睡枕书。
> 　　　　（《次李秀才得鱼字韵》）

> 荷芰东西鱼映叶，樵舟朝暮客乘风。
> 清泉雨后分毛发，何必南湖是镜中。
> 　　　　（《次绾得风字韵》）

> 黄蜀葵开收宿雨，紫桑椹熟啭新禽。
> 看花弄水非无事，犹胜纷纷别用心。
> 　　　　（《次综得禽字韵》）

> 丹杏一番收美实，绿荷无数放新花。
> 西湖雨后清心目，坐到城头泊暝鸦。
> 　　　　（《次综得花字韵》）

　　环波亭是曾巩在济南任上倡建于大明湖湖心岛上的一处建筑。此亭四周为湖水环绕，不与岸通，故名。苏辙在任齐州掌书记期间（熙宁六年至九年，即1073—1076）曾赋诗写过环波亭，诗曰："南山迤逦入南塘，北渚岩峣枕北墙。过尽绿荷桥断处，忽逢朱槛水中央。凫鸥聚散湖光净，鱼鳖浮沉瓦影凉。清境不知三伏热，病身唯要一藤床。"（《环波亭》）诗中"过尽绿荷桥断处，忽逢朱槛水中央"一句透露的信息是，环波亭的大体位置应在大明湖南塘（即今百花洲）的湖心小洲上。该亭在清代尚存，乾隆年间诗人王初桐《济南竹枝词》有诗曰："环波亭子水中央，面面朱栏影绿杨。山色湖光两摇漾，鸳鸯鸂鶒（xīchì，一种水鸟）满渔梁。"清人马国翰亦曾以《环碧亭用曽南丰韵》为题，对环波亭及周边景色进行了描绘："杰构千年水作堆，临流不厌日衔杯。四围摇影苇初合，几曲飘香荷盛开。散绿方知渔艇转，点青拟召鹊山来。阑前静会澄清意，顿洗尘心却蔓莱。"至于环波亭废圮于何时，无考。

曾巩描写大明湖的诗作还有很多，尤其那首七律《西湖纳凉》，读来更是令人耳目一新：

> 问吾何处避炎蒸，十顷西湖照眼明。
>
> 鱼戏一篙新浪满，鸟啼千步绿阴成。
>
> 虹腰隐隐松桥出，鹢首峨峨画舫行。
>
> 最喜晚凉风月好，紫荷香里听泉声。

这首诗中的"鹢首"说的是船头，因为古时人们常常将鹢鸟画在船头上，故名。盛夏的济南傍晚到哪里躲避难耐的酷暑，肯定是乘着画舫到宽阔的大明湖上。鱼戏、鸟啼、新浪、绿荫，是大明湖一派盎然生机的真实写照；隐入松林的虹桥、高翘船头的画舫，欣赏着天上的明月，荷香随着阵阵凉风吹来，耳畔还隐隐传来泉水淙淙声……读至此，即使你未曾亲自领略过大明湖纳凉的幽趣，也肯定会感到神清气爽，如临其境。

如果说，"鱼戏新浪""鸟啼绿荫""松桥如虹""画船似鹢"，在杭州西湖、扬州瘦西湖、南京莫愁湖的夏天都是可以逢到的，那么，"紫荷香里听泉声"则绝对是大明湖之夏所独有的。

夏日的大明湖，在曾巩眼中宛如仙境一般，初春的大明湖景色也让曾巩陶醉。在济南，大明湖知春最早！南山上的残雪还未化尽，大明湖岸边的柳树就已在春寒料峭中悄悄抽枝发芽了。丝丝柳条上一串串嫩绿鹅黄的芽苞，是谱奏明湖之春的自然音符。也许头一天这里还是"草色遥看近却无"，第二天你就

明湖春景

会突然发现，这里已是满眼翠绿了。济南以外的地方，那春姑娘总是蹑手蹑脚走来的，显得不那么大气；而大明湖的春天，却是一夜之间撞进来的。

曾巩对大明湖的春景感觉很好，见到青青柳色、春水荡漾，就勾引出无限情思，或赞美，或感叹，或抒怀。曾巩满怀赞颂之情，如此这般描绘大明湖的春天："漾舟明湖上，清镜照衰颜。春风随我来，扫尽冰雪顽。花开满北渚，水渌（lù，清澈）到南山，鱼鸟自翔泳，白云时往还。"眼前的明湖春景，竟使他发出了"吾亦乐吾乐，放怀天地间"的感叹！（《西湖二月二十日》）

曾巩站在大明湖岸边，伸个猫了一冬天的懒腰，真的很舒服！

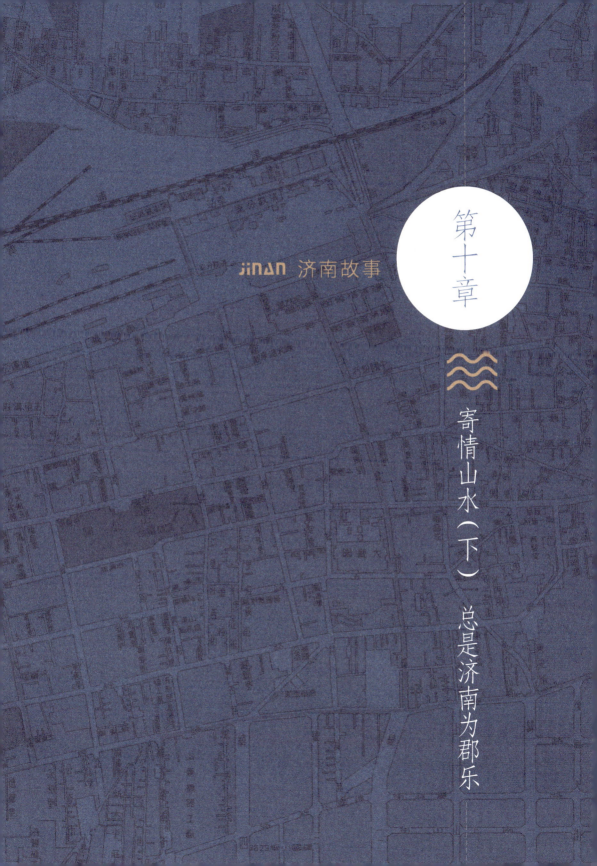

第十章

JINAN 济南故事

寄情山水（下）　总是济南为郡乐

曾巩在济南，还把州衙所在的大明湖南岸一带（今省政府大院至百花洲迤南及珍珠泉）整饬一新，修建了许多亭台楼阁，形成了大明湖迤南老城区的园林风貌。

据元好问《济南行记》记载：他五岁时（1195年）曾随到山东掖县（今山东莱州）为官的继父元格道经济南，便对济南产生了美好而深刻的印象。42年后，他已颇负诗名，再游济南："乙未七月，至济南，故人李辅之与同官权国器置酒历下亭故基。此亭在府宅之后。自周齐以来有之。旁近有亭曰环波、鹊山、北渚、岚漪、水香、水西、凝波、狎鸥；台与桥同曰百花、芙蓉；堂曰静化，轩曰名士。水西亭下，湖曰大明，其源出于舜泉，其大占府城三之一。秋荷方盛，红绿如绣，令人渺然有吴儿洲渚之想。"（按：据王士禛《香祖笔记》云："今水面亭、历下亭皆在明湖之南。而湖北水关之西有小圃，传为北渚亭故址，尚有古屋数椽，修竹数十竿。"故，元好问此处所记北渚亭在湖南，应为误记。）

元好问来济南时，距曾巩只有70年左右的时间，大明湖南岸一带景物变化当不会太大。由此可知，这一带有环波亭、鹊山亭、水西亭、水香亭等数座亭子，还有同名的百花台和百花桥、芙蓉台和芙蓉桥；曾巩会客的名士轩、休憩的静化堂都在这片区域内。曾巩好友孔平仲曾在《百花桥》一诗中描绘了这一带花红柳绿的美丽景色："花满红桥外，寻芳未渡桥。春风相调引，已有异香飘。"

在这片风景如画的州衙片区办公、居住自然是一件非常开心的事儿。

曾巩的郡斋名曰"名士轩"，取自唐代杜甫"海右此亭古，济南名士多"诗句。据清代王士禛《香祖笔记》卷九记载："济南藩司署后临明湖，西偏即《曾子固集》中所谓西湖也。曾守郡日，尝作'名士轩'。轩今入署中，明时尚有古竹数竿，芍药一丛，传是宋故物。"据此可知，名士轩故址当在现珍珠泉大院内清巡抚大堂西北隅，今名"海棠园"内，园中仍有古老海棠树一株，相传为当年曾巩手植。

古时大明湖湖域很大，且呈不规则形，唐时大明湖南端在今五龙潭一带，到曾巩来济南做知州时，湖域已缩至今省政府大院及其西边一带，一直到王士祯撰述完《香祖笔记》时（康熙四十三年，即1704年），这一带仍是一片水域。所以，王士祯说，名士轩所在地"西偏"就是曾巩所说的西湖。关于这一点，从历下亭三次迁址也可以看出。杜甫所咏的历下亭，原在大明湖西岸南端的净池之上，而净池，据元代地理学家于钦考证，"今名五龙潭"（《齐乘》）。曾巩来济南时，历下亭已经迁至今大明湖南岸，"府城驿邸内历山台上，面山背湖，实为胜绝"（《齐乘》）。后随水面缩小，历下亭也屡经兴废，但遗址尚存。明清时代，随着始建于明洪武年间的济南贡院不断拓地，"嘉靖元年（1522）重修至公堂……后号舍增至六千余"，"雍正十年（1732）增建至一万（号舍）"（道光《济南府志》），历山台和台下的历下亭故基逐步被拆除。康熙三十二年（1693），时任山东按察使喻成龙和山东盐运使李兴祖又在大明湖中重建历下亭，题名"古历亭"，也即今日之历下亭。

历下亭

州衙内的名士轩"面山背湖"，淙淙泉水围绕，环境自是一流。刚到济南，曾巩就倡导修建了这处郡楼。

> 满眼青山更上楼，偶携闲客此闲游。
> 飞花不尽随风起，野水无边带雨流。
> 怀旧有情惟社燕，忘机相得更沙鸥。
> 黄金驷马皆尘土，莫靳当欢酒百瓯。
>
> （《郡楼》）

曾巩上任半年后，正值岁末年初，州衙按例封印休假。在名士轩内，曾巩即兴赋《郡斋即事二首》：

其一

> 画戟森门宠误蒙，从来田舍一衰翁。
> 困仓穰穰逢康岁，闾里恂恂有古风。
> 蛔氏宿奸投海外，伏生新学始山东。
> 依然自昔兴王地，长在南阳佳气中。

其二

> 满轩山色长浮黛，绕舍泉声不受尘。
> 四境带牛无事日，两衙封印自繇身。
> 白羊酒熟初看雪，黄杏花开欲探春。
> 总是济南为郡乐，更将诗兴属何人。

离名士轩以西几步之遥，便是曾巩的书房，名叫"凝香斋"，也称为"西斋""西轩"。曾巩根据唐代诗人韦应物"兵卫森画戟，燕寝凝清香"（意为：官邸门前画戟林立兵卫森严，室内凝聚着为聚会而焚的清香。诗题为《郡斋雨中与诸文士燕集》）之句命名为"凝香斋"。曾巩曾邀请好友孔平仲来齐州游玩多日，在孔平仲眼中，凝香斋是这样的："新作朱门向水开，虽临行路少尘埃。久藏胜境因人发，尽放青山入坐来。树影转檐棋未散，荷香飘枕梦初回。晚年事事皆疏懒，赖得闲官养不才。"（《西轩》）在泉水之畔，"虽临行路少尘埃"的凝香斋里，南望着"青山入坐来"，两位知己好友闲暇弈棋，夜间枕着荷香同床而卧，难怪孔平仲要埋怨自己"晚年事事皆疏懒"，好在有曾巩这位"闲官"养着自己呢！

曾巩自己也曾以《凝香斋》为题，借景抒情，表达了他本人对西斋的倾心爱慕和对心旷神怡、悠然自得之清静世界的向往：

> 每觉西斋景最幽，不知官是古诸侯。
> 一尊风月身无事，千里耕桑岁有秋。
> 云水醒心鸣好鸟，玉沙清耳漱寒流。
> 沉烟细细临黄卷，疑在香炉最上头。

该诗首句点题，领起全诗，以下写景抒情都围绕这句展开。曾巩在自己的书斋里徜徉诗书之间，忘怀世情俗物，所以他每至凝香斋，都觉得这里是最幽绝之处。"不知"是因为"景最幽"，俯仰其间，心神愉悦。"身无事"，不是不关心政务而醉心自然风物，而是因为齐州大治，民和年丰。"云水"一联，上句写湖光，下句写泉水：纯净的湖水白云驻足，足以让人心灵清醒明澈；泉底沙石如玉，在清寒泉流的冲击下，水声悦耳清幽。该联炼字精警，颇具匠心。"醒""鸣""清""漱"四个动词使得本该幽静的意境灵动起来，可谓声、形、色兼备，景、情、理俱在，让人顿生赏湖景、观流泉的蓬勃雅兴。尾联归结全诗，置身如此令人向往的境界潜心书海，其清幽意境和高雅情趣让诗人怀疑自己是在庐山香炉峰的景物绝佳之处，愉悦之情，如超脱世外。

曾巩的这首《凝香斋》诗以"幽"字作为诗眼。"幽"字总揽了凝香斋的景物特征。其一，凝香斋地处珍珠泉畔的幽静之处，实乃清幽之境界，曾巩在此读书吟诗，临风玩月，乐而忘官。曾巩身为知州，但见治内政通人和，民

曾巩当年的书房便在珍珠泉畔

生无忧，才有闲情探幽览胜。其次，湖水清幽，白云驻足，飞鸟幽鸣，泉清见石，寒流激荡，好不让人久迷长恋，可谓幽景寄幽情。其三，曾巩公干之余，潜心书海，感到无异于置身香炉峰巅，更显得情趣高雅，心境清幽。一句话，全诗无不紧扣诗眼而展开了一幅静中有动、动中有静的画卷。

　　拿凝香斋与香炉峰相比，我想，曾巩一定想到了家乡江西。香炉峰，"在庐山西北，其峰尖圆，烟云聚散，如博山香炉之状"（乐史《太平寰宇记》）。写香炉，曾巩一定想到了早他几百年的李白写的那首《望庐山瀑布》：一座顶天立地的香炉，冉冉地升起团团白烟，缥缈于青山蓝天之间，在红彤彤的太阳照射下化成一片片紫色的云霞。"日照香炉生紫烟"，不仅把庐山渲染得更美，而且富有浪漫主义色彩。家乡的山山水水给了曾巩灵感，李白的诗歌跟曾巩产生了共鸣，同样，大明湖畔的凝香斋也给了曾巩创作的冲动。否则，他怎能在离家乡千里之外的济南写出"疑在香炉最上头"的诗句来呢。

　　曾巩常常沉溺于自己的书斋，有时甚至夜以继日地埋头于书山之中，困了就直接在凝香斋里解衣而寐。前文所述，他在《雨后环波亭次韵四首·次李秀才得鱼字韵》中就写道："从今拨置庭中事，最喜西轩睡枕书。"

不无遗憾的是，这处凝香斋此后再也未见有关文献和志书著录过，故而此斋圮于何时，也就无人知晓了。

州衙中有一处厅堂，庭前种植有数株芍药，故而曾巩将其命名为"芍药厅"。芍药是中国本土名花，古人将它和牡丹并称为"花中双绝"。芍药还有一个别称，为"婪尾春"。婪尾，按照唐人苏鹗《苏氏演艺》卷下解释："今人以酒巡匝为婪尾"，也就是说喝酒时酒巡一圈至最后的那一杯。芍药通常春末而绽，因有此称。芍药是草本花卉，每年农历十月生芽，初春丛丛梃出，呈嫩红色，煞是鲜艳。春末开花，有紫色、红色、白色，以黄色最为名贵。芍药之美好，不亚于牡丹，昔人称之为"娇客"。据传，庆历年间（1041—1048），北宋名臣韩琦以资政殿学士帅淮南时，有一天见后园中一株芍药突然同时开花四朵，花瓣呈红色，唯中间为一道金线。后来人们称这种芍药为"金缠腰"或"金带围"。韩琦高兴之下，特地置办宴会，邀请了王安石、陈升之、王珪等人来赏花，饮酒赋诗中，每人将花摘下一朵别在发间。令人难以置信的是，后来这四人竟都在30年间陆续当上了北宋宰相，于是此后民间有了"牡丹为花王，芍药为花相"的说法。这段"四相簪花"的故事记述在北宋沈括的《梦溪笔谈·补笔谈》卷三中。这段佳话还见于宋人陈师道《后山丛谈》、周辉《清波杂志》、佚名《墨客挥犀》和苏象先《丞相魏公谭训》等著作中。

曾巩将此厅以"芍药"名之，足

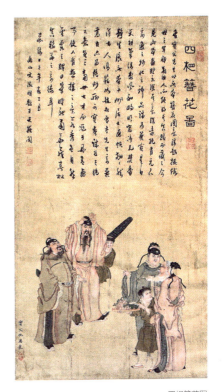

四相簪花图

见他对芍药也喜爱至深。芍药厅前的芍药，是曾巩上任时由苏南移栽而来。次年暮春四月，株株不同颜色的芍药花应时而开，他看着一朵朵宛如多情的巫山神女的花，情趣油然而生，脱口吟出一首七律。诗中写出了他坐在"潇洒山城"济南芍药厅内，边酌酒边赏花的情形：

> 小碧阑干四月天，露红烟紫不胜妍。
> 肯为云住阳台女，恐逐风飞石室仙。
> 洧外送归情放荡，省中番直势拘挛。
> 何如潇洒山城守，浅酌清吟济水边。

来济南这座山城当官，竟是一件非常潇洒的担当，因为在这里，可以观赏露红烟紫、争芳斗艳的芍药花，在济水之畔浅酌轻吟……惬意之情，难以言表。

静化堂是曾巩在衙内接待来客或退堂时休憩的处所。静化的意思是：完全清除世俗之念，出自唐代诗人姚合《送裴宰君》诗："还应施静化，谁复与君同。"闲暇之时，曾巩每每在这座飞檐翘角的厅堂内与来客一起宴饮，席间还常常抚琴娱乐。通往静化堂要穿过一条被松竹掩映的小径，曾巩特别喜欢这幽静清雅的环境：

> 修檐嵚崟背成阴，行尽松篁一径深。
> 好鸟自飞还自下，白云无事亦无心。
> 客来但饮平阳酒，衙退常携靖节琴。
> 世路人情方扰扰，一游须抵万黄金。

"平阳酒"，指的是西汉曹参饮酒的故事。曹参是西汉开国功臣，被封为平阳侯，后继萧何为汉相。他执掌国政后，一切都按前任国相萧何的成规行事，不做任何改变，却常常日夜饮酒。有人来规劝他，结果他把规劝者也灌醉了。有时听到邻近吏舍饮酒喧哗，曹参也不予以制止，反而饮酒相唱和。他无为而治的执政理念，却使得社会稳定，百姓得以休养生息，经济得到发展。

"靖节琴"也是一个典故：陶渊明不懂音律却在案头置放了一张无弦之琴，每逢饮酒聚会，便抚弄一番表达自己的情趣。因陶渊明世号"靖节先生"，故曰"靖节琴"。《宋书·隐逸传·陶潜》记载了这一故事，云："（陶）潜不解音声，而蓄素琴一张，无弦，每有酒适，辄抚弄以寄其意。贵贱造之者，有酒辄设。潜若先醉，便语客：'我醉欲眠，卿可去。'其真率如此。"

善酒的人，大都性格率真。曹参这样，陶渊明这样，曾巩也是这样。

曾巩官邸和住所墙外不远处，有一处荷花簇拥、独立水中的芙蓉台，其位置大约在今芙蓉街北段一带。芙蓉台一带游人很多，尤其是荷花盛开季节，游客多在台上一边饮酒作乐，一边赏荷，荷田里采莲的船娘还不时送来阵阵歌声。此台并非旱地上筑土为方的土台或石台，而是在水中用四根粗柱撑起的带有围栏的木台，游人可乘坐扁舟登台游赏。风静的月夜游芙蓉台，水上荷花和倒映在清凌凌水中的荷影相映成趣，犹如置身仙境，饶有情趣。曾巩时常在公干之余，脱下官服，换成便装，穿着木屐，或一人或邀友来此游玩：

> 芙蓉花开秋水冷，水面无风见花影。
> 飘香上下两婵娟，云在巫江月在天。
> 清澜素砾为庭户，羽盖霓裳不知数。
> 台上游人下流水，柱脚亭亭插花里。
> 栏边饮酒桿女歌，台北台南花正多。
> 莫笑来时常著屐，绿柳连墙使君宅。

（《芙蓉台》）

该诗描绘了曾巩在荷花盛开的月夜到芙蓉台上赏荷的情趣。诗的末句是说，不要笑我经常穿着木屐就来这里，因为数株绿柳连墙处，就是我知州的住宅啊！曾巩的好友孔平仲曾在曾巩陪同下游览芙蓉台，登台后孔平仲顿觉浓浓的荷香从脚下蒸腾而起："漾舟入芙蓉，花乱舟欹侧。安稳此凭栏，清香生履舄（xì，木屐）。"（《曾子固令咏齐州景物作二十一诗以献·芙蓉台》）

现在，许多文章都说，芙蓉街一名来自街上的芙蓉泉，系街以泉名。而芙蓉泉一名最早出现在金代《名泉碑》上，泉又因何得名"芙蓉"，却难以寻到出处。根据曾巩诗中的描述，我老怀疑，北宋时期，今芙蓉街北段一带也是一片荷田，湖内有一芙蓉台。后来水面缩小，到金代时已渐成一池，泉因原有芙蓉台而名"芙蓉泉"，后渐次形成街巷，沿袭芙蓉泉一名而称之为"芙蓉街"的。明代诗人晏璧在永乐二年（1404）曾专门吟诗，对芙蓉泉周边的景致做了精彩描述，那时的芙蓉泉一带依然是"鹊华紫翠削芙蓉，山下流泉石涧通。朵朵红妆照清水，秋江寂寞起西风。"就是说，站在芙蓉泉畔，远远眺望鹊华二山，虽然郁郁葱葱，但相较此处艳丽多姿的荷花还是有些逊色。山下的流泉也和这里的泉水一脉相通。朵朵荷花辉映在清澈平静的泉水水面上，秋风吹起，碧荷微动，这幅画面才不再清静，有了动感。既然说"朵朵红妆"，荷花肯定不少，荷花多，水域也断不会很小。到了清代，芙蓉泉已经缩至半亩池塘，诗人董芸曾在芙蓉泉几步之遥的芙蓉馆寓居，他写道："老屋苍苔半亩居，石梁浮动上游鱼。一池新绿芙蓉水，矮几花阴坐著书。"（《芙蓉泉寓居》）

　　芙蓉台不远处的岸畔上还有一处水香亭。水香亭，据《山东通志》云："在历下亭旁。今废。"清代乾嘉年间，江南文人沈三白曾来济南游历，此后他在《浮生六记》中记道："山东济南府城内，西有大明湖，其中有历下亭、水香亭诸胜。夏月柳阴浓处，菡萏香来，载酒泛舟，极有幽趣。余冬日往视，但见衰柳寒烟，一水茫茫而已。"沈三白文中提到水香亭在历下亭旁，乾嘉年间，历下亭已经移建大明湖中东南隅岛上（今址），故此时的水香亭也当在今大明湖中，与明代《通志》所记载的水香亭在历下亭旁非为一谈。明代诗人王象春曾写有一首《水香亭》诗，他在诗题中注曰："亭乃唐杖杀李邕处也"，并在诗后注道："（李）邕开元（713—741）中为淄川刺史，上计京师，围观如堵，竟被谗媢（阴谋中伤）不得留，出为北海太守。李林甫忌之，坐以罪，就郡杖杀之。杜甫为之赋《八哀诗》。济中山水之表章（声名显扬）于世，自唐李邕始，唐人名盛而身穷者亦无如（李）邕。忆其当杀（李）邕时，趵突塞阙不流，华岫暗淡无色，直待二百余年，晁（补之）、曾（巩）继至，始稍复明秀耳。"（《齐音》）

　　按王象春的说法，李林甫杖杀李邕的地方是济南大明湖的水香亭，其实误

矣!《唐书·李邕传》记载,李邕在任北海太守时,唐玄宗因李林甫诬陷李邕受贿,遣人"就郡杖杀之",则其杖死处不在济南。杜甫的《八哀诗·赠秘书监江夏李公邕》也说:"坡陀青州血,芜没汶阳瘗(yì,埋葬)。"这是说,李邕是血渍青州(北海郡治所在青州),客葬在青州的汶阳(据《唐书》:"武德二年,北海郡置汶阳县")。而且,水香亭之名,始见于曾巩,唐时所未有。王象春此诗所咏,有可能得自于当时济南的传说,未加详考。

第十一章

心照神交　衣冠济济归儒学

常言道，一个好汉三个帮。

曾巩自年轻时就很重视朋友间的交谊。在济南为官的两年中，他与交好的朋友们，或欢聚畅谈，推杯换盏；或书信往还，诗文唱和。由于曾巩朋友圈在政治和文学上的同气相求，所以圈内好友多有忘年之交。

前文提到的北宋名臣赵抃（字悦道），比曾巩大11岁。

两人的交往，始于杭州。熙宁三年（1070）六月，赵抃徙知杭州时，正值久旱逢雨。曾巩怀着喜悦之情，一口气写了两首七绝，题曰《余杭久旱，赵悦道入境之夕四郊雨足二首》，诗云：

其一

连章天上乞身闲，笑入吴船拥节还。

一夜风雷驱旱魃，始知霖雨出人间。

其二

旌旗东下路尘开，六月风云席上回。

正恐一方人暍死，直将霖雨过江来。

此时，曾巩正任越州通判，越、杭二州一江之隔，赵抃上任伊始，曾巩便写诗向他表达了向慕之意。同年冬至，曾巩又给赵抃写了一篇贺词，《贺杭州赵资政冬状》。赵抃当时的贴职是资政殿学士，故以"赵资政"称之。文中称赞赵抃"受材闳廓，含德粹纯，壮经国之大猷，济格天之盛业"。可以看出，曾巩与赵抃交往以后，愈加增进了对赵抃的仰慕与钦敬。

赵抃知杭州时间较短，仅有六个月。这年的十二月，赵抃受命改知青州。与赵抃交往不久的曾巩，内心自然不免惜别惆怅，于是写下了一篇长达240字的七言长律赠行，题曰《送赵资政》。诗中，曾巩列叙赵抃经历，对其品格、吏才、政绩做了高度评价和赞扬。

事有凑巧，赵抃知青州后，曾巩也由越州通判调任齐州知州。熙宁四年

（1071）六月十六曾巩接任后不久，便与赵抃取得联系。此后，两人常常书信往来。《永乐大典》残卷录有曾巩在济南写的《齐州答青州赵资政别纸启》。此启为"答青州赵资政"，可见此前赵抃已有书信寄给曾巩，可惜赵抃之信已无从窥见。曾巩的信函不长，录于下：

赵抃

> 某驽钝，见使治剧，非其克堪。固亦愚所未晓也。到郡之初，吏事纷纷，良亦可骇。然孤蒙之质，久仰吏师，窃其绪余辄自试。数日以来，颇觉简静。若遂或如此，实鄙劣之幸也。更冀爱怜，时赐教诲。

曾巩在启中称赵抃为"吏师"，并希望赵抃对自己"时赐教诲"，这不是一般的客套之言。曾巩由越州的副职，初到济南担任"一把手"，自然要向有经验者取经。正好赵抃久历州县，经验丰富，处事老到，两人又有越、杭二州的交往，曾巩"到郡之初"，便"窃其（指赵抃）绪余"来治理郡政，并取得了明显效果（自试数日以来，颇觉简静）。自然而然，曾巩对赵抃这位"吏师"的谦抑和敬重之情，是发自内心的。

接到曾巩的书启后，赵抃很快回复了曾巩。于是曾巩又写了一篇《齐州答青州赵资政别纸启》，启云：

> 某昏愚不肖，蒙处以烦剧，不敢辞难。勉强即事，大惧不能免于悔咎，以为侍御者之辱。乃蒙以'政术严简'见称，盖治烦不可以不简，不可以不严，而要其所趣，则未尝不归于慈恕。此非某之所自得，向者窃窥浙西之治，殆出

于此，故心潜之日久矣。及施于此，果得安静，则所窃者乃左右之绪余也，鄙劣何有焉。然今之为治者，非得久于其官而各行其志也，故所为止于如此而已，岂有志者之所素学乎。伏唯明公道德高深，而器业闳远，盖明于此说旧矣，故不待末学之言。其他惓惓，非待坐不悉。某惶恐。

于此，故心潜之日久矣。及施于此，果得安静，则所窃者乃左右之绪余也，鄙劣何有焉。然今之为治者，非得久于其官而各行其志也，故所为止于如此而已，岂有志者之所素学乎。伏唯明公道德高深，而器业闳远，盖明于此说旧矣，故不待末学之言。其他惓惓，非待坐不悉。某惶恐。

从曾巩的回信可以看出，赵抃对自己的朋友治理济南的业绩还是比较满意的，"政术简严"是赵抃对曾巩的赞许。而曾巩的治齐心得，则归功于向赵抃学习的结果。启中提到的"浙西之治"，是指赵抃治杭之事。杭州在北宋时是浙江西路的首府，赵抃治杭虽然只有短短六个月时间，但他为政宽严相济，政绩十分显著。

曾巩觉得心里有好多话要对赵抃倾诉，光书信往来都不足以表达，非坐下来面对面畅谈才能足意（"其他惓惓，非待坐不悉"）。赵抃在青州则写有两绝，寄赠曾巩，题曰《寄酬齐州曾巩学士二首》（见本书《到郡一年：每来湖岸合流连》）。诗题曰"酬"，肯定是对曾巩的和作。曾巩的原作，《元丰类稿》里已不存，无由得见。赵抃称曾巩为"学士"，这是因为曾巩曾在考中进士后，于嘉祐六年（1061）在老师欧阳修的举荐下，奉诏京城担任集贤校理。洪迈《容斋随笔》卷十六"馆职名存"："国朝馆阁之选，皆天下英俊，然必试而后命。一经此职，遂为名流。其高者，曰集贤殿修撰、史馆修撰、直龙图阁、直昭文馆、史馆、集贤院、秘阁。次曰集贤、秘阁校理。官卑者，曰馆阁校勘、史馆检讨，均谓之馆职。记注官缺，必于此取之，非经修注，未有直除知制诰者。官至员外郎则任子，中外皆称为学士。"曾巩在馆阁任职期间，对大量馆藏古籍进行了校勘整理，才有了较为完备的《梁书》《陈书》《战国策》《说苑》《新序》《列女传》《礼阁新仪》《唐令》《南齐书》等典藏。宫中所藏《李白诗集》存诗有770余首，但经曾巩搜集整理得李白诗1000首。现今我们看到的许多李白诗，都得益于当年曾巩辛勤搜集和校勘。

熙宁五年（1072）闰七月，赵抃以资政殿大学士徙知成都途径济南，曾巩对他盛情招待。临行，曾巩作了一首七律为他践行。诗题《送赵资政》，诗云：

114

镇抚西南众望倾，玉书天上辍持衡。

春风不觉岷山远，和气还从锦水生。

学舍却寻余教在，棠郊应喜旧阴成。

归来促召调炉冶，莫为儿童竹马迎。

曾巩一直把赵抃当作挚友和榜样，赵抃此一去，不知何时才能再相会，但曾巩坚信，赵抃去镇抚西南，是众望所归。诗中"岷山""锦水"皆为蜀中地名，"春风""和气"皆以赞美赵抃的惠政。"余教""旧阴"是追述赵抃此前曾三度入蜀治蜀留下的旧惠，曾巩用学舍余教、棠郊旧阴歌颂赵抃的治蜀之政。"儿童竹马"系用典，骑"竹马"本是男孩们玩的一种游戏，《后汉书·郭伋传》有一段竹马郊迎的故事，描述了几百个男孩同时骑竹马的场景：郭伋任并州牧，素有美政，受到当地百姓的称道，以至于"到西河美稷，有童儿数百，各骑竹马，道次迎拜"。后来，"竹马郊迎"成为称美地方长官的典故。曾巩认为，此次入蜀的赵抃很快就会被召入朝内任相，不会再度入蜀，故曰"莫为儿童竹马迎"。

在济南期间，和曾巩交好的挚友还有史称"清江三孔"的三兄弟。"清江

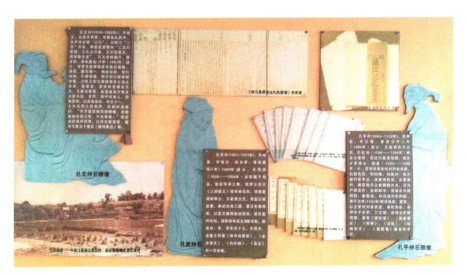

清江三孔

三孔"是指北宋临江军新淦县（今江西新干县）孔文仲、孔武仲、孔平仲兄弟三人，三人皆以文声起于江西，名噪当时，又于仁宗嘉祐年间连科登进士第，享誉当时的政坛，时号"三孔"，《宋史》卷三百四十四皆有传。

"三孔"中的老二孔武仲（1042—1098）比曾巩小23岁，老三孔平仲（1044—1102）比曾巩小25岁，兄弟俩可谓曾巩的忘年之交。

熙宁四年（1071），时年30岁的孔武仲由谷城主簿改任齐州教授。这年中秋节过后，孔武仲即辞别了家人，渡江北上，奔赴齐州，并于当年冬初到达济南，与时任齐州知州的曾巩相会于济南。在此后一年半多的时间内，孔武仲与曾巩在济南时常结伴游览，过从甚密，唱和之作亦甚多。

曾巩《元丰类稿》卷六中的《和孔教授》一诗云：

> 治烦方喜众材同，坐啸南阳郡阁中。
>
> 几案有尘书橄简，里闾无事稻粱丰。
>
> 衣冠济济归儒学，俎豆诜诜得古风。
>
> 幸届异能来助我，敢将颜色在蜚鸿。

又有《雪后同徐秘丞、皇甫节推、孔教授北园晚步》诗：

> 沙草正黄濒海意，江梅还白故园情。
>
> 循除远水春前急，绕郭空山雪后明。
>
> 林影易斜寒日短，角声吹去暮云平。
>
> 最惭佳客忘形契，肯伴衰翁着屐行。

同书卷七中的《孔教授、张法曹以曾论荐特示长笺》：

> 绿发朱颜两少年，出伦清誉每相先。
>
> 壁中字为时人考，圯上书从老父传。
>
> 泮水笑谈邀法饮，高斋闲燕属佳篇。
>
> 衰翁厚幸怀双璧，更起狂心慕荐贤。

以上均是记述二人在济期间交游的诗作。元丰六年（1083）四月，曾巩去世于江宁，孔武仲曾作《祭曾子固文》（见《清江三孔集》卷十九），其中亦有语忆及他们二人在济南的这段交游经历，并表达了对曾巩的感激之情："我少方蒙，公发其源。长仕岱阴，从以周旋。决疑辨惑，一语不捐。或钩其细，毫积丝联；或究其大，苞方括圆。面奖所是，夺其不然。粗若有之，公赐多焉。"其沉痛凄恻，感怀悲怆之意溢于言表。

　　未到济南前，"三孔"中的老三孔平仲，听哥哥介绍后早已对济南心向往之。应曾巩和哥哥之邀，熙宁六年（1073）三月，他从密州出发，经过青州到了济南。途中，他写下了《以事往齐州，初发密》《折柳亭》《将至青州》《青州席上》《青州作》《马上小睡》《王舍人庄》等诗，记其行程以及来济的迫切心情。

　　到了济南后，孔平仲见到了哥哥孔武仲和他的好友曾巩。曾巩初见孔平仲，马上喜欢上了这位青年才俊，并把他安排在衙署中暂住。孔平仲早闻曾巩大名，见到曾巩这位前辈级的大佬颇为兴奋，作《上曾子固》记录了相见时的情形及相识相交的喜悦之情。诗云："海邦穷僻想知音，匹马春风入岱阴。千里山川忘道远，一门兄弟辱恩深。发扬底滞先生德，振拔崎岖长者心。更以诗篇壮行色，东归胜挟万黄金。"（《清江三孔集》卷二十四）

　　此后，孔平仲在曾巩和孔武仲的陪同下游览了济南的湖泉亭榭，并在曾巩的要求下作了一组

清江三孔集

题咏当时济南风物的诗——《曾子固令咏齐州景物，作二十一诗以献》（见《清江三孔集》卷二十一）。这组诗共有21首，是当时与曾巩的唱和之作。组诗以清新晓畅的语言，给我们描绘出当时齐州一些名胜风物的倩影，一些诗作还给我们提供了一些方志文献中所不曾记载过的信息，具有极其难得的史料价值。由此也可以看出，曾巩与孔平仲一见如故的情谊之切（参见本书"筑堤架桥：试看何似武陵游"章节）。

由于这组诗在济南地方志和其他典籍中多著录不全或失载，特依《清江三孔集》卷二十一为本，将这21首诗抄录于下，以飨读者诸君。

阅武堂

开拓乾坤远，欢娱岁序深。
堂前犹阅武，自是太平心。

阅武堂下新渠

东来细溜长，西去余波涨。
能收四海心，乐此一渠上。

凝香斋

东郡经年久，西斋一事无。
萧然静相对，惟有博山炉。

芍药厅

芍药花初发，牵公诗思浓。
露红烟紫句，全胜绿盘龙。

仁风厅

太守政何如，兹焉名可见。
齐州一万家，挥以袁宏扇。

竹斋

渐渐风敲韵，亭亭日转阴。
公应喜来此，相得岁寒心。

水香亭

龙头落潺湲，雁齿驾清浅。
夜阑气益佳，雨霁香尤远。

采香亭

芙蓉近可攀，香草供幽赋。
公才如命骚，此是冥搜处。

静化堂

四境静山川，一枕闲风月。
野水抱城幽，青天垂木末。

鹊山亭

老杜诗犹在，重华事已无。
千秋陵谷变，尘起鹊山湖。

芙蓉桥

出城跨岩峣，惊目见花艳。

飞盖每来游，佳境此其渐。

芙蓉台

漾舟入芙蓉，花乱舟歆侧。

安稳此凭栏，清香生履舄。

环波亭

潇洒尘埃外，崔嵬清浅中。

四轩春水阔，两岸画桥通。

水西桥

景物此清淡，幽亭独细论。

恐人容易过，常锁水西门。

水西亭

河流春已深，野色晚更静。

生计慕园畦，归心付渔艇。

西湖

芙蕖十顷阔，藻荇一篙深。

晚日江乡景，秋风泽国心。

百花桥

花满红桥外，寻芳未渡桥。

春风相调引，已有异香飘。

北湖

尘污远已留，渌净此不杂。

僻招水鸟栖，清数游鱼鬣。

百花台

南瞻复北顾，春水绿漫漫。

此地寻花柳，全胜别处看。

百花堤

花发红云合，公来醉玉颓。

傍城行怯远，却泛小舟回。

北渚亭

高深极前临，苍莽接回眺。

齐州景物多，于此领其要。

济南好，能不忆济南？

孔平仲离开济南后，多次回忆起这次和曾巩及哥哥相聚于齐州，携手共赏济南美景的欢愉时光："济南风物称闲官，兄弟偕游意益欢。幽圃水声从地涌，画桥山色逼人寒。别来梦想犹相接，他处尘埃不足观。寂寞东斋又经夏，落花新叶共谁看。"（《和常父见寄》）"秋风又摇落，历下意何如？学馆人归后，山城月上初。东西各引领，咫尺但通书。难共重阳醉，黄花日向疏。"
（《寄常父》）

曾巩的朋友圈里人很多。年轻者多，年长者也不少。

譬如范仲淹，足足长曾巩30岁。范仲淹一直想将曾巩纳于门下，曾巩称赞范仲淹是"大贤德"。范仲淹不计地域远近、年龄长幼，经常给曾巩写信勉励、赠送物品。

又如梅尧臣，长曾巩17岁。两人初次相识，梅尧臣便写《逢曾子固》称赞曾巩："昔始知子文，今始识子面。吐辞亦何严，白昼忽飞霰。"后来，梅尧臣还邀请曾巩到梅家堂前观赏石榴，并多次写诗褒奖曾巩。

再如王安石，比曾巩小两岁。在众友之中，曾巩与王安石之交可谓深矣。他俩既有地缘关系，又有亲缘关系。后来王安石当了宰相，两人虽因政见不合关系一度疏远，但两人至老之时，交往又渐增多。后曾巩染疫江宁，王安石也多有探视。两人终于在人生的尽头握手言和。

再譬如苏轼，晚生于曾巩18年。两人师出同门，同年进士及第，同为文学高手，交谊最深。曾巩病逝后，京城坊间竟然流传曾巩与苏轼同日去世的小道消息，还引得神宗皇帝亲自过问并"有叹息语"。其时，苏轼正因反对变法被贬在黄州，他听说这件事后，将其记录在他的《东坡手泽》（亦称《东坡志林》）一书"异事·东坡升仙"一节中。由此可见，二人关系之密切，坊间也是众所周知的。

曾巩一生还培养了许多大儒。除前文提到的陈师道外，还有王无咎和他的弟弟曾肇、曾布等都曾受教于他。王无咎，一生好学不倦，颇有文名，曾任国子监直讲，著有《王直讲集》。曾巩有《王无咎字序》，王无咎向曾巩请求取个字，曾巩为他取字"补之"："取《易》所谓无咎者，善补过也，为之字曰补之，夫勉焉。"曾巩将自己的二妹嫁给他，二妹去世后，又将七妹嫁给他。曾肇，曾巩的幼弟，治平四年（1067）进士，时年20岁。他长期在朝中为官，历经英宗、神宗、哲宗、徽宗四朝，在十四州府任职，担任过吏、户、刑、礼四部侍郎，两度为中书舍人，死后谥号"文昭"。曾布，是曾巩同父异母的弟

范仲淹

梅尧臣

王安石

苏轼

弟，史载，曾布"年十三而孤，学于兄巩"。他23岁与曾巩等同登进士。在随后50年政治生涯中时起时落，曾布既曾居庙堂之高，也曾隐乡野僻壤，73岁去世。

　　曾巩的朋友圈很大，因本书的主题是讲"济南故事"，故只能择其要而简述之。

　　真名士自风流。

　　曾巩和他的朋友们，哪个不是个顶个的真名士？哪个不是他的知音？

　　知音难觅，觅到就会格外珍惜。

JINAN 济南故事

第十二章

民怀其德　有情千里不相忘

曾巩来济南当父母官，可谓济南之大幸。

宋熙宁六年（1073）六月的一天，也就是曾巩在济南待了整整两年之时，曾巩最担心的事还是发生了。卸任一年前，曾巩就担心："只恐再期官满去，每来湖岸合流连"，表达了他不想离开济南的心情。

这天，朝廷下令：曾巩徙知襄州。

曾巩要调走的消息很快就在济南老百姓中传开。两年的时间虽然不太长，但曾巩踏踏实实地为济南百姓做了不少实事、大事，老百姓都看在眼里，记在心上。百姓早已把父母官曾巩视为自己的亲人，舍不得他走啊！

曾巩听说了百姓挽留自己的事情，心存感激。对于深深爱着济南的曾巩又何尝原意离开济南呢？但是，朝廷的命令是不可违抗的。阴历的六月，正值盛夏，整个济南城却万人空巷。济南人民不顾酷热高温，把州衙围得水泄不通，人们试图用这种方法，拦住曾巩的去路。人们还把所有的城门关闭，把吊桥拉起，不让他离去。

"既罢，州人绝桥闭门遮留，夜乘间乃得去。"（《元丰类稿·行状》）

曾巩趁夜间离开济南

白天无法脱身，朝廷之命又不可违，曾巩只好带着随从乘夜间出城而去。

曾巩恋恋不舍、一步三回头地走了。

离济途中，曾巩写下《离齐州后五首》，表达了他对济南山水风物的依依不舍、留恋眷顾之情：

> 云帆十幅顺风行，卧听随船白浪声。
> 好在西湖波上月，酒醒还到纸窗明。
>
> 画船终日扒沙行，已去齐州一月程。
> 千里相随是明月，水西亭上一般明。
>
> 文犀刿刿穿林笋，翠扊田田出水荷。
> 正是西亭销暑日，却将离恨寄烟波。
>
> 将家须向习池游，难放西湖十顷秋。
> 从此七桥风与月，梦魂长到木兰舟。
>
> 荷气夜凉生枕席，水声秋醉入帘帏。
> 一帆千里空回首，寂寞船窗只自知。

五首诗中，第一、第二、第五首写得简洁明了，淋漓尽致地表达了曾巩离开济南依依不舍之情。第三首说，大明湖尖尖的竹笋如同带纹的犀角，荷花那娇嫩的圆脸浮在水面之上。这样的日子本应在大明湖亭阁消夏，我却将满怀离恨寄托于烟水之间而匆匆离去。第四首言：我须携家迁往襄州（习池在襄州），可是脑海中难以放下大明湖那一派秋光。从此，大明湖畔七桥风月的美景，只能在梦寐中划着木兰舟去追寻。可见，曾巩对济南真是一往情深，殊难割舍。

即使到了襄州赴任后，紧张的工作之余，他仍然对济南魂牵梦萦、念念不忘，饱含深情地写下了"谁对七桥今夜月，有情千里不相忘"（《寄齐州同官》）的诗句。

一次心动，一生心动。这就是在济南为官的曾巩。

当然，济南人是讲情义的，济南人更没有忘记曾巩。

早在明初正统年间，人们就自发地在千佛山半山腰修建了曾公庙，庙中祭祀曾公像。据明刘敕《历乘·卷五·寺观》记载："曾巩庙，千佛山半崖。知齐州事，到处有题咏，多善政，民怀其德，故作庙。"清代道光年间诗人范坰在《曾公祠》诗注中记述道："南丰去齐后，民怀其德，于千佛山半崖肖像祀之，有正统间（1436—1449）碑记。见《旧志》。今碑不复见，而土人误指为秦琼庙。"因此，范坰在诗中写道："佛山山半肖南丰，遗爱千秋香瓣通。正统残碑无处觅，游人到此拜胡公。"由于"正统残碑无处觅"，故而游人便把曾巩庙误认为是"秦琼庙"，到此祭拜的是胡国公了。20世纪50年代，人们在曾巩庙废墟上新建唐槐亭一座，这已是后话了。

后来，人们又在大明湖东北岸修建了南丰祠。南丰祠始建年代无考，清道光九年（1829），由曾任历城知县的曾巩江西南丰老乡汤世培捐资重建。山东布政使刘斯湄撰写碑记称："经升任历城县知县、现任武定府知府汤世培，因文定公旧有专祠，倾废已久，追念桑梓，捐廉建设于晏公台旁，建屋三楹，立位供奉，并以文定公旧时治绩，实系保本安民，能御大灾大患，未便湮没，详请具题专祠致祭，以彰德化。"刘斯湄这位山东行政长官还规定，除民间依照旧制祭祀外，由官府于每年春秋二季拨付公帑进行官祭："既经汤守捐廉建祠，恐致日久倾圮，系为保护名宦贤良起见，除名宦祠内照旧致祭外，应请于每年春秋二祭之期，派委府学教官前往曾文定公祠，一体致祭。所需祭品银两，请于藩库报院，每年动支银四两，自道光十年为始，分春秋二季给发。""后有损毁，地方官捐廉修葺，以垂久远。"

南丰祠正式建成后，《道光十年曾公专祠石刻》（见道光《济南金石志》）还较为翔实地记载了曾巩修建北水门的事迹："（曾巩）在任时，因济南城内出泉甚多，水无去路，屡为民修筑堤堰于北城，疏凿北门，并垒石为

南丰祠

崖，挑浚深通，使水从北门宣泄。又设门为局，视高下，因时启闭，宣泄有节，并建汇波桥，以济往来行人，使无阻碍。至今赖以安，永除水患。"另据1914年出版的《济南指南》一书记载：南丰祠在"北门里大明湖滨，内有祠堂三楹，祀宋曾公巩。又有东厅三间，向归江西人经理。"济南当地百姓依时供奉、祭祀和凭吊，清人沈淮《汤植斋世培明府招饮曾南丰祠》诗中"风雨三间屋，文章一瓣香"，描述的就是当年曾公祠的情景。

民国五年（1916），江西南昌人蔡儒楷在任山东巡按使期间，见南丰祠阶毁垣坏，并被兵营所借，遂召集在鲁的江西同乡捐私钱加以修缮，于当年六月完工。蔡儒楷撰书《重修南丰先生祠堂记》。蔡儒楷还曾任北洋大学（今天津大学）校长、北洋政府教育总长，是当代文艺名家英若诚的外祖父。1932年冬，时人李子全作《游曾南丰先生祠记》，其中写道："门额书'曾南丰先生祠'。院内，有西厢南舍，为看祠者居所。北有祠堂三楹，内设神阁，阁内立曾公牌位。阁前案上，仅列炉烛，别无陈物。"李还写道，湖水自南向北穿院而过，上架木桥，由桥可达祠东一座四面环水绕荷的亭子。此记所述门额及祠堂房屋格局，应是1916年重修时所为。

1994年7月，大明湖畔的南丰祠重修以后对外开放，曾巩故乡江西南丰县为南丰祠捐献曾巩木雕像一尊，雕像是用生长在南丰的一棵千年古香樟木雕刻而成，使得整个南丰祠更加熠熠生辉。堂内陈列着各种版本的曾巩著作、评介文章以及赞颂曾巩的书画作品。

南丰祠建筑现为清静优雅的古典式庭院，由大殿、戏厅、水榭、游廊等建筑构成。大殿抱柱上悬有楹联"北宋一灯传作者，南丰两字属先生"，对联的意思是，北宋曾巩文章的法则像一盏明灯，将光明传播给后世尊崇它学习它的读书作文之人。整个南丰祠建筑古朴典雅，院内修竹青翠，树木繁茂，湖面蒲苇荷莲，景色优雅宜人。

2019年，济南天下第一泉风景区管委会又将大明湖北水门之上的汇波楼改造为曾巩纪念馆。纪念馆分上下两层，馆内珍藏反映曾巩在齐州的文学成就、城市建设方面的文史资料，以及曾巩至亲好友或与曾巩有关的各类书籍、文献、影音资料等。2019年9月10日，恰逢曾巩诞辰1 000年之际，曾巩纪念馆正式对游客免费开放。

两年惠政，济南人一记就是上千年！

济南举办曾巩1 000周年诞辰座谈会

JINAN 济南故事

第十三章

文名延宕　水之江汉星之斗

元丰六年（1083），离开济南10年后，曾巩身染重病，其间王安石多次前往曾巩寓所探望老友。曾巩和王安石是莫逆之交。虽然中间有段时间，由于两人对变法有不同见解，使两人的友谊一度蒙上阴影，但是，他们在内心里却一直保持着对对方的好感和关心。

这年四月十一日，曾巩病逝于江宁府（今江苏南京），终年65岁。他去世前6个月，其继母朱氏刚刚撒手人寰。

对于曾巩的去世，远近百姓无不叹息，贤达名流皆表哀悼。他的弟弟曾肇亲自撰写了《行状》。曾肇写道："呜呼！天夺吾母，不数月又夺吾兄，何降祸之酷至于斯极也！"其哀痛之情，令人撕心裂肺。

一颗巨星陨落，惋惜之余，人们对他的一生给予极高评价。中书舍人林希作《墓志铭》，太子少傅韩维作《神道碑》。秦观、苏辙等都写了哀辞。陈师道《挽词》云："早弃人间事，真从地下游。丘原无起日，江汉有东流。身世从违里，功名取次休。不应须礼乐，始作后程仇。"苏辙的哀辞云："少年漂泊马光禄，末路骞腾朱会稽。儒术远追齐稷下，文词近比汉京西。平生碑版无容继，此日铭诗谁为题？试数庐陵门下士，十年零落晓星低。"宋僧道潜（别号参寥子）哀辞云："命世高标见实难，狂澜既倒赖公还。学穷游夏渊源际，文列班杨伯仲间。落落声尘随逝水，滔滔论著在名山。凄凉四海门人泪，想对秋风为一潸。"诗中对曾巩的评价极高，说他的学问和文章与汉代的班固、杨雄不相上下。

曾巩的学生陈师道为纪念恩师，还写了两首《妾薄命》：

主家十二楼，一身当三千。

古来妾薄命，事主不尽年。

起舞为主寿，相送南阳阡。

忍着主衣裳，为人作春妍。

有声当彻天，有泪当彻泉。

死者恐无知，妾身长自怜。

叶落风不起，山空花自红。

捐世不待老，惠妾无其终。

一死尚可忍，百岁何当穷。

天地岂不宽，妾身自不容。

死者如有知，杀身以相从。

向来歌舞地，夜雨鸣寒蛩。

（《后山诗集》）

《妾薄命》两首下有作者自注："为曾南丰作。"陈师道把曾巩比作自家主人，把自己比作主人的妾，对于曾巩的去世表示了极大的伤心和悲痛。第一首从正面写对夫主逝去的哀伤，以忠贞自矢，表示绝不再事他人。起二句写自己得到夫主无比的宠爱，平平叙来，言简意赅。"主家十二楼"句，化用鲍照《代陈思王京洛篇》"凤楼十二重，四户八绮窗"句；"一身当三千"句，化用白居易《长恨歌》"后宫佳丽三千人，三千宠爱在一身"句。次二句由极满意处一下跌入极不满意，说繁华虽久，宠爱不长，倏忽之间，夫主撒手西归，点题"妾薄命"。"不尽年"三字是诗中主脑，一切悲苦都由此产生，以下的伤感也围绕这三字倾吐。"起舞为主寿，相送南阳阡"总括以上四句。"起舞"句承起首二句，写繁华时节；"相送"句承次二句，写夫主去世。这样并列，突出欢乐未尽而哀苦顿生，加深了女子的悲凄。"忍着主衣裳，为人作春妍"，表示夫主去世后的

陈师道

第十三章 文彩绽放 大宋（上）章……

感慨。表白自己贞心如铁，不再为他人强颜欢笑，更显得痛苦。后四句，直抒胸臆，说自己对主人一往情深，呼天抢地，哀哀欲绝。四句一气相贯，悲伤之情，难以名状。第二首是组诗第一首的主题延伸，表达了杀身相从的意愿，二首一气贯注。故范大士《历代诗发》评价说："琵琶不可别抱，而天地不可容身，虽欲不死何为？二诗脉理相承，最为融洽。"

陈师道的诗最突出之处在于用比兴象征的手法，以男女之情写师生之谊，别具风范。这种手法可追溯到《诗经》中的比兴，《楚辞》中的美人香草。这在古典诗词中是屡见不鲜的，因为男女之情最易感人。正如明人郝敬所说："情欲莫甚于男女……声音发于男女者易感。故凡托兴男女者，和动之音，性情之始，非尽男女之事也。"（陆以谦《词林纪事序》引）

"向来一瓣香，敬为曾南丰。"（陈师道《观兖文忠公家六一堂图书》）作为学生，陈师道对先生曾巩的尊崇敬仰之情可见一斑。

"曾子文章众无有，水之江汉星之斗。"（王安石《赠曾子固》）

曾巩是一位杰出的政治家，更是一位杰出的文学家。他一生写了大量的文学作品，包括散文和诗歌。仅《元丰类稿》五十卷中，就收有序、书、记、论等各类散文106篇，诗歌400余首。综观其诗文，最大特点是明道、古雅、平正、冲和。从文学史角度来看，我国唐宋散文，上承先秦汉魏六朝，下启元明清三代，是我国散文发展史上极为重要的一个阶段。其间，名家辈出，各具特色，文体大备，丰富多彩，多有传世名作，震古烁今。南宋朱熹的评论和吕祖谦、真德秀等人的选本已经非常关注唐宋散文。在此基础上，元至元二十四年（1287），元代文论家吴澄在《别赵子昂序》中首先提出"唐宋七子"说，称"今西汉之文最近古，历八代浸敝，得唐韩、柳氏而古；至五代复敝，得宋欧阳氏而古；嗣欧而兴，惟王、曾、二苏焉。卓卓之七子者，于圣贤之道未知其何如，然皆不为气所变化者也。"（《全元文》第十四册）在这里，吴澄第一次将韩愈、柳宗元、欧阳修、王安石、曾巩、苏洵、苏轼并称为"唐宋七子"，比后来的"唐宋八大家"只少苏辙。至顺二年（1331），吴澄在《题何太虚文集后》中，再次对"唐宋七子"加以推崇："唐宋盛时，号为追踪先

汉，而仅韩、柳、欧阳、曾、王、二苏七人焉。"（《全元文》第十五册）

吴澄"唐宋七子"的提法，是"唐宋八大家"这一唐宋古文代表作家整体概念形成的关键环节。后来，吴澄在《送虞叔常北上序》中又说："东汉至于中唐六百余年，日以衰敝。韩、柳二氏者出，而文始革。季唐至于中宋二百余年，又日以衰敝。欧阳、王、曾三氏者出。而文始复。噫！何其难也。同时，眉山乃有三苏氏者，萃于一家。噫！何其盛也。"他又指出，"子由之文如子瞻，而名可与兄齐者也。"（《全宋文》第十四册）走笔至此，点出"三苏"，"唐宋八大家"已呼之欲出。

"七子"也好，"八家"也好，曾巩大名始终列于其中。这对于曾巩文学地位的提升，颇具开拓之功。

到了明初，时人朱右（一作朱佑）在《白云稿》卷三《新编六先生文集序》开篇记道："邹阳子右编《六先生文集》，总一十六卷。唐韩昌黎文三卷六十一篇，柳河东文二卷四十三篇，宋欧阳子文二卷五十五篇，见五代史者不与，曾南丰文三卷六十四篇，王荆公文三卷四十篇，三苏文三卷五十七篇。"

朱右将"三苏"视若一家，故称为《六先生文集》，而《四库全书总目提要》称之为《八先生文集》，个中原因恐系《新编六先生文集》已佚，四库馆臣未加详考遂分"三苏"为"三家"所致。

后来，明代唐顺之又有《文编》一书，选录唐宋散文作品，除韩、柳、欧、王、"三苏"和曾八人外，它无所取。明朝中叶嘉靖年间，古文家茅坤在前人基础上加以整理和取舍，"三苏"虽系父子兄弟，但仍将"三苏"列为三家，编成《唐宋八大家文钞》行世，文钞共选韩愈文16卷、柳宗元文10卷、欧阳修文32卷（附《五代史钞》20卷）、王安石文16卷、曾巩文10卷、苏洵文10卷、苏轼文28卷、苏辙文20卷，共164卷。

自此，"唐宋八大家"之名由此诞生。

清代康熙年间，著名学者张伯行重新选编《唐宋八大家文钞》，所选文章共316篇，其中韩愈60篇，柳宗元18篇，欧阳修38篇，苏洵2篇，苏轼26篇，苏辙27篇，曾巩128篇，王安石17篇。曾巩文章的数量远远超过其他七人，是韩愈文的两倍多，是"三苏"合起来之文的两倍多，独居榜首。宋代著名理学家

唐宋八大家

朱熹亦曾赞叹道："予读曾氏书，未尝不掩卷废书而叹，何世之知公浅也。盖公之文高矣！自孟、韩以来，作者之盛，未有至于斯。其所以重于世者，岂苟云哉！"（见《曾南丰年谱序》）

曾巩被誉为"唐宋八大家"，实至名归，当之无愧！

最后，不妨再讲一段曾巩填词的逸闻。

词是宋代盛行的一种文学体裁，与曾巩同时代的欧阳修、王安石、苏轼、苏辙，都有词作传世。他们的快人小曲，或浅斟低唱，或响遏行云，或婉转轻柔，或黄钟大吕，无不勾人心弦、动人心魄。然而，诗文大家曾巩究竟是否曾填词度曲，却成了千古谜团。

其实，据记载，曾巩是度过曲填过词的，而且一写就成了"绝唱"。清《钦定词谱》卷三十三记载，南宋黄大舆所辑的《梅苑》一书中，就收入了曾巩的一首词。这首词的词牌叫"赏南枝"。

词曰："暮冬天地闭，正柔木冻折，瑞雪飘飞。对景见南山，岭梅露、几点清雅容姿。丹染萼、玉缀枝。又岂是、一阳有私？大抵化工独许，使占却先时。　　霜威莫苦凌持。此花根性，想群卉争知。贵用在和羹，三春里、不管绿是红非。攀赏处、宜酒卮（zhī，古时盛酒器皿）。醉捻嗅、幽香更奇。倚阑仗何人去，嘱羌管休吹。"

词牌名中的"南枝"，指的是梅枝。"赏南枝"意即观赏梅岭的梅枝。另据《钦定词谱》记道："此调只有此词，无他首可校。"说明曾巩之后，宋元明清各代再无人用此调进行过创作。

《钦定词谱》还云："赏南枝"是一阕"曾巩自度曲"。自度曲，也称自制曲，按汉代应劭"自隐度作新曲，因持新曲以为歌诗声也"的说法，是指在旧词调之外自己新创作的词调。宋代有不少文人，都精通音乐，他们自己作词，也能自行谱曲，故词集中常有"自度曲"一说。曾巩这首"赏南枝"自度曲，系双调，共105字，上片52字9句5平韵，下片53字9句6平韵。

由此可见，曾巩不仅文名诗誉名噪天下，而且精通音律，自制新曲，说他"粲然自名其家者，南丰曾氏也"（明代"嘉靖八才子"之首王慎中语），

一代醇儒曾巩

诚不为虚语哉！"赏南枝"不传，历史上有人把它归于"呕哑嘲哳（形容声音嘶哑粗涩）难为听"（见白居易《琵琶行》）之类的粗歌野调，这未免受有些学者的曾氏"短于韵语"偏颇评价影响，更多是些"妖魔化"。实际上，结合曾巩词中寓情于景、情景交融的细腻表达手法，我想，或因"曲高和寡"之缘故，自他身后竟无一人再用"赏南枝"词牌填词（现代词家不论），也不是没有可能的。

一代醇儒，虽然早已陨落在历史的星空下，但他的文字却在中国文学史上永远熠熠生辉。

泉城人民永远记得，近千年前，济南来了一位"八大家"主政——他就是曾巩曾南丰先生！

曾巩，永远是济南和济南人刻骨铭心的记忆，曾巩在济南的故事会世世代代传下去，讲下去……

曾巩，国之楷模，文之大家，民之福祉，济之大幸！

附录

1. 曾巩传

曾巩，字子固，建昌南丰人。生而警敏，读书数百言，脱口辄诵。年十二，试作《六论》，援笔而成，辞甚伟。甫冠，名闻四方。欧阳修见其文，奇之。

中嘉祐二年进士第。调太平州司法参军，召编校史馆书籍，迁馆阁校勘、集贤校理，为实录检讨官。出通判越州，州旧取酒场钱给募牙前，钱不足，赋诸乡户，期七年止；期尽，募者志于多入，犹责赋如初。巩访得其状，立罢之。岁饥，度常平不足赡，而田野之民，不能皆至城邑。谕告属县，讽富人自实粟，总十五万石，视常平价稍增以予民。民得从便受粟，不出田里，而食有余。又贷之种粮，使随秋赋以偿，农事不乏。

知齐州，其治以疾奸急盗为本。曲堤周氏拥赀雄里中，子高横纵，贼良民，污妇女，服器上僭，力能动权豪，州县吏莫敢诘，巩取置于法。章丘民聚党村落间，号"霸王社"，椎剽夺囚，无不如志。巩配三十一人，又属民为保伍，使几察其出入，有盗则鸣鼓相援，每发辄得盗。有葛友者，名在捕中，一日，自出首。巩饮食冠裳之，假以骑从，辇所购金帛随之，夸徇四境。盗闻，多出自首。巩外视章显，实欲携贰其徒，使之不能复合也。自是外户不闭。

河北发民浚河，调及它路，齐当给夫二万。县初按籍三丁出夫一，巩括其隐漏，至于九而取一，省费数倍。又弛无名渡钱，为桥以济往来。徙传舍，自长清抵博州，以达于魏，凡省六驿，人皆以为利。

徙襄州、洪州。会江西岁大疫，巩命县镇亭传，悉储药待求，军民不能自养者，来食息官舍，资其食饮衣衾之具，分医视诊，书其全失、多寡为殿最。师征安南，所过州为万人备。他吏暴诛亟敛，民不堪。巩先期区处猝集，师去，市里不知。加直龙图阁、知福州。

南剑将乐盗廖恩既赦罪出降，余众溃复合，阴相结附，旁连数州，尤桀者呼之不至，居人惧恐。巩以计罗致之，继自归者二百辈。福多佛寺，僧刹其富饶，争欲为主守，赇请公行。巩俾其徒相推择，识诸籍，以次补之。授帖于府庭，却其私谢，以绝左右缴求之弊。福州无职田，岁鬻园蔬收其直，自入常三四十万。巩曰："太守与民争利，可乎？"罢之。后至者亦不复取也。

　　徙明、亳、沧三州。巩负才名，久外徙，世颇谓偃蹇不偶。一时后生辈锋出，巩视之泊如也。过阙，神宗召见，劳问甚宠，遂留判三班院。上疏议经费，帝曰："巩以节用为理财之要，世之言理财者，未有及此。"帝以《三朝》《两朝国史》各自为书，将合而为一，加巩史馆修撰，专典之，不以大臣监总，既而不克成。会官制行，拜中书舍人。时自三省百职事，选授一新，除书日至十数，人人举其职，于训辞典约而尽。寻掌延安郡王笺奏。故事命翰林学士，至是特属之。甫数月，丁母艰去。又数月而卒，年六十五。

　　巩性孝友，父亡，奉继母益至，抚四弟、九妹于委废单弱之中，宦学婚嫁，一出其力。为文章，上下驰骋，愈出而愈工，本原《六经》，斟酌于司马迁、韩愈，一时工作文词者，鲜能过也。少与王安石游，安石声誉未振，巩导之于欧阳修，及安石得志，遂与之异。神宗尝问："安石何如人？"对曰："安石文学行义，不减扬雄，以吝故不及。"帝曰："安石轻富贵，何吝也？"曰："臣所谓吝者，谓其勇于有为，吝于改过耳。"帝然之。吕公著尝告神宗，以巩为人行义不如政事，政事不如文章，以是不大用云。

（《宋史·列传》卷七十八）

2. 曾巩《齐州二堂记》原文、译文、评注

[原文]

　　齐滨泺水，而初无使客之馆。使客至，则常发民调林木为舍以寓，去则撤之，既费且陋。乃为之徒官之废屋，为二堂于泺水之上，以舍客，因考其山川而名之。

　　盖《史记·五帝纪》谓："舜耕历山，渔雷泽，陶河滨，作什器于寿丘，就时于负夏。"郑康成释：历山在河东，雷泽在济阴，负夏卫地。皇甫谧释：寿丘在鲁东门之北，河滨，济阴定陶西南陶丘亭是也。以予考之，耕稼陶渔，皆舜之初，宜同时，则其地不宜相远。二家所释雷泽、河滨、寿丘、负夏，皆在鲁、卫之间，地相望，则历山不宜独在河东也。《孟子》又谓舜东夷之人，则陶、渔在济阴，作什器在鲁东门，就时在卫，耕历山在齐，皆东方之地，合于《孟子》。按图记，皆谓《禹贡》所称雷首山在河东，妫水出焉。而此山有九号，历山其一号也。予观《虞书》及《五帝纪》，盖舜娶尧之二女乃居妫汭，则耕历山盖不同时，而地亦当异。世之好事者，乃因妫水出于雷首，迁就附益，谓历山为雷首之别号，不考其实矣。由是言之，则图记皆谓齐之南山为历山，舜所耕处，故其城名历城，为信然也。今泺上之北堂，其南则历山也，故名之曰历山之堂。

　　按图，泰山之北，与齐之东南诸谷之水，西北汇于黑水之湾，又西北汇于柏崖之湾，而至于渴马之崖。盖水之来也众，其北折而西也，悍疾尤甚，及至于崖下，则泊然而止。而自崖以北，至于历城之西，盖五十里，而有泉涌出，高或至数尺，其旁之人名之曰趵突之泉。齐人皆谓尝有弃糠于黑水之湾者，而见之于此。盖泉自渴马之崖，潜流地中，而至此复出也。趵突之泉冬温，泉旁之蔬甲经冬常荣，故又谓之温泉。其注而北，则谓之泺水，达于清河，以入于海，舟之通于齐者，皆于是乎出也。齐多甘泉，冠于天下，其显名者以十数，而色味皆同，以予验之，盖皆泺水之旁出者也。泺水尝见于《春秋》，鲁桓公十有八年，"公及齐侯会于泺"。杜预释：在历城西北，入济水。然济水自王

莽时不能被河南，而洑水之所入者，清河也，预盖失之。今洑上之南堂，其西南则洑水之所出也，故名之曰洑源之堂。

夫理使客之馆，而辨其山川者，皆太守之事也，故为之识，使此邦之人尚有考也。熙宁六年二月己丑记。

［译文］

齐州濒临洑水，但是起初没有专门供外地使客寓住的馆舍。使客到了之后，往往是官府现征集百姓调运木材修建馆舍而居住，使客离开后再将其拆除，既浪费财物，又不美观。于是，我任知州之后，拆除了官府废弃的房舍，在洑水之畔建造了两座高大堂屋以接待使客，我又去考察了当地的名山名水，从而给它们取个好名字。

据《史记·五帝本纪》记载："舜耕种于历山，打鱼于雷泽，造陶器于河水边，做日用器件于寿丘，乘着时节到负夏去做生意。"郑康成解释说：历山在河东（今指山西西南角、黄河转弯处），雷泽在济阴（今定陶，因在济水之南而得名），负夏在卫国（今河南黄河北部、河北邯郸及山东聊城西部一带）。皇甫谧解释说：寿丘在鲁东门的北面，河滨在济阴郡定陶西南的陶丘亭。根据我的考证，耕种、制陶、捕鱼，都是舜早年所做的事情，因此应当在同一时期，地点也不应该相距太远。上面郑康成、皇甫谧所解释的雷泽、河滨、寿丘、负夏都在鲁国、卫国之间，距离不远，因此历山不可能单独在河东。《孟子》又说舜是东夷人，那么制陶、捕鱼在济阴，制作生活器具都在鲁国东门，做生意在卫国，耕种的地点历山在齐国，这些地方都是东方之地，与《孟子》所说正相吻合。地方志都认为《禹贡》所说的雷首山在黄河以东，妫水出于其中，而这座山有九个名称，历山只是其中一个。我检阅《虞书》和《史记·五帝本纪》，载有舜娶尧的两个女儿居住在妫汭（guīruì，妫水转弯处），与耕种历山并不同时，故而地点也应当有差异。世上有些好事之徒，看到妫水出于雷首山，就牵强附会地认为历山是雷首山的别称，并没有考察实际情况。因此可以说，地方志书都认为齐州的南山为历山，舜曾经在此耕种，所以城市的名字也叫历城，这是非常可信的。如今，泺水之畔的北堂，南面正对着历山，所以取名为历山堂。

　　根据地方志，泰山的北面与齐州东南各山谷的水流向西北汇入黑水湾，又向西北流入柏崖湾，一直到渴马崖。由于水流众多，流向西北时气势汹涌，等到了渴马崖却又安静下来。渴马崖往北五十里，到历城城西有一股泉水喷涌而出，高度可达数尺，住在旁边的当地居民称之为"趵突泉"。济南人都说曾经把米糠丢进黑水湾，（过不多时）就会在趵突泉泛上来。因此，泉水应当是从渴马崖下面流出，潜伏于地下，一直流到这里才喷涌而出。趵突泉泉水冬天很温暖，泉水旁边的蔬菜经历整个冬季都长势茂盛，所以人们又称它温泉。此泉水流向北之河，称之为泺水，一直流入清河，从而进入大海。舟船若要驶入、驶出济南，都要经过这里。济南这个地方，多甘洌的泉水，天下第一，光著名的泉眼就有数十处，颜色、味道皆相同。经过我的考证，这些泉水都是泺水的旁支涌出来的。泺水曾经出现于《春秋》中，鲁桓公十八年，桓公与齐侯会盟于泺水之畔。杜预解释（泺水）时说，在历城西北，汇入济水。济水自王莽之时因干旱而不能流经黄河以南，而泺水所汇入的是清河，杜预很可能是注释有误。如今，建在泺水之畔的南堂，其西南就是泺水的源头，所以把该堂命名为泺源堂。

泺源堂

　　修缮使客馆舍，并由此辨别山川形势，这是太守的职责和义务所在，故而将此记载下来，使当地的老百姓能够知晓这些地理的来龙去脉。记于熙宁六年二月己丑日。

［评注］

就文体而言，这是一篇记叙文，并不是学术论文，所以考证必须以简洁为主。然而，简洁并不能有疏漏，既要言简又要意赅，因此在取舍之间要颇费一番思量。这篇文章可以说是后来桐城派主张的义理、辞章、考据三项标准之考据的代表之作，此类文章往往易流于枯燥，而曾文却没有拖泥带水，仅以846个字的篇幅，便把历山、趵突泉的来龙去脉进行了严谨、缜密的考证，使一个极易惹出风花雪月之情的题材，却被曾巩拿捏得恰到好处。所以，《宋史》称其文章是"上下驰骤，愈出而愈工，本愿六经，斟酌于司马迁、韩愈，一时工作文词者，鲜能过也"，实不为过！

3. 曾巩《齐州北水门记》节选、译文、评注

［原文］（节选）

济南多甘泉，名闻者以十数。其酾而为渠，布道路、民庐、官寺，无所不至，滴滴分流，如深山长谷之间。其汇而为渠，环城之西、北，故北城之下疏为门以泄之。若岁水溢，城之外流潦暴集，则常取荆苇为蔽，纳土于门，以防外水之入，既弗坚完，又劳且费。至是，始以库钱买石，傭民为工，因其故门，累石为两涯，其深八十尺，广三十尺，中置石楗，析为二门，扃皆用木，视水之高下

纪念曾巩齐州善政

而闭纵之。于是内外之水，禁障宣通，皆得其节，人无后虞，劳费以熄。其用工始于二月庚午，而成于三月丙戌。

[译文]（节选）

济南这个地方遍布甘泉，光著名的就有十余处。泉水流成条条河渠，遍布道路两旁、民居前后、官府敕设的寺院内外，可以说是无处不至，河渠的水涌动前行，仿佛流动在深山长谷之间。（最后）汇成一条广渠，环绕在城西和城北，所以，在北城墙下开辟一城门以宣泄城内积水。然而，若遇上洪涝季节，城外河水暴涨，就以荆条和苇子为遮障，再用土将北门培上，以防止城外的水倒灌，但这样既不坚固，又劳民伤财。我到任后，开始以官府存银购买石头，雇佣百姓作为劳力，利用原来的城门，用石头垒砌了两岸石墙，进深为80尺，宽度为30尺，中间安置了石头闸基，闸基上装有两大扇木门，根据水位高低决定水闸的开闭。于是，城内积水，则开闸；城外积水有倒灌之势，则关闭闸门。这样，城内外积水可以任由调节到位，人们（在雨季）不用再日夜值守，也不再耗费人力物力了。北水门的改造自熙宁五年二月庚午日开始，至同年三月丙戌日竣工。

[评注]

曾巩《齐州北水门记》全文不足300字，以上是该文的主体部分，不足200字。其后还有80余字，所记为与该工程相关的另外两人的姓名与职务、建造时间及写记的原因等。全文虽短，但写得畅快淋漓，于叙述中可见作者之真情。作者首先写济南的泉水概貌，交代北水门之水的来历，次写历年来治水费材费力而水患得不到根治，再写他亲自率民治水的做法以及北水门的形制。水患得到根治，且劳费以息，他欣慰无限。《齐州北水门记》是一篇精巧短文，今人评价该文，"不见波澜起伏，但委曲有致；不曾严分段落，却层次分明。"（荣斌《曾巩在济南》，见齐鲁书社2002年12月第一版《济南名士评传》古代卷）

4. 曾巩《齐州杂诗序》

［原文］

齐故为文学之国，然亦以朋比夸诈见于习俗。今其地富饶，而介于河岱之间，故又多狱讼，而豪猾群党亦往往喜相攻剽贼杀，于时号难治。

余之疲驽来为是州，除其奸强而振其弛坏，去其疾苦而抚其善良。未期图圄多空，而桴鼓几熄，岁又连熟，州以无事。故得与其士大夫及四方之宾客，以其暇日，时游后园。或长轩峣榭，登览之观，属思千里；或芙蕖菱荷，湖波渺然，纵舟上下。虽病不饮酒，而间为小诗，以娱情写物，亦拙者之适也。通儒大人或与余有旧，欲取而视之，亦不能隐。而青、郓二学士又从而和之，士之喜文辞者，亦继为此作，总之，凡若干篇。

岂得以余文之陋，而使夫宗工秀人雄放瑰绝、可喜之辞，不大传于此邦也。故刻之石而并序之，使览者得详焉。

熙宁六年二月己丑序。

5. 曾巩《越州赵公救灾记》原文、译文

［原文］

熙宁八年夏，吴越大旱。九月，资政殿大学士、右谏议大夫知越州赵公，前民之未饥，为书问属县：灾所被者几乡，民能自食者有几，当廪于官者几人，沟防构筑可僦民使治之者几所，库钱仓粟可发者几何，富人可募出粟者几家，僧道士食之羡粟书于籍者其几具存，使各书以对，而谨其备。

州县吏录民之孤老疾弱、不能自食者二万一千九百余人以告。故事，岁廪穷人，当给粟三千石而止。公敛富人所输，及僧道士食之羡者，得粟四万八千余石，佐其费。使自十月朔，人受粟日一升，幼小半之。忧其众相蹂也，使受粟者男女异日，而人受二日之食。忧其流亡也，于城市郊野为给粟之所凡五十有七，使各以便受之而告以去其家者勿给。计官为不足用也，取吏之不在职而

寓于境者，给其食而任以事。不能自食者，有是具也。能自食者，为之告富人无得闭粜。又为之官粜，得五万二千余石，平其价予民。为粜粟之所凡十有八，使籴者自便如受粟。又僦民完城四千一百丈，为工三万八千，计其佣与钱，又与粟再倍之。民取息钱者，告富人纵予之而待熟，官为责其偿。弃男女者，使人得收养之。

明年春，大疫。为病坊，处疾病之无归者。募僧二人，属以视医药饮食，令无失所恃。凡死者，使在处随收瘗之。

法，廪穷人，尽三月当止，是岁尽五月而止。事有非便文者，公一以自任，不以累其属。有上请者，或便宜多辄行。公于此时，蚤夜愈心力不少懈，事细巨必躬亲。给病者药食多出私钱。民不幸罹旱疫，得免于转死；虽死，得无失敛埋，皆公力也。

是时，旱疫被吴越，民饥馑疾疠，死者殆半，灾未有巨于此也。天子东向忧劳，州县推布上恩，人人尽其力。公所拊循，民尤以为得其依归。所以经营、绥辑、先后、终始之际，委曲纤悉，无不备者。其施虽在越，其仁足以示天下；其事虽行于一时，其法足以传后。盖灾沴之行，治世不能使之无，而能为之备。民病而后图之，与夫先事而为计者，则有间矣；不习而有为，与夫素得之者，则有间矣。予故采于越，得公所推行，乐为之识其详，岂独以慰越人之思，将使吏之有志于民者不幸而遇岁之灾，推公之所已试，其科条可不待顷而具，则公之泽岂小且近乎！

公元丰二年以大学士加太子保致仕，家于衢。其直道正行在于朝廷，岂弟之实在于身者，此不著。著其荒政可师者，以为《越州赵公救灾记》云。

[译文]

熙宁八年（1075）夏天，吴越地区遭遇严重旱灾。同年九月，资政殿大学士、右谏议大夫赵公出任越州知州。在百姓尚未被饥荒所苦之前，他就下文询问所属各县，旱灾涉及多少个乡镇？百姓能够养活自己的有多少户？有多少人需要官府救济？可以雇佣民工修筑沟渠堤防的有多少处？仓库里的钱款、粮食可供发放的有多少？可以征募出粮的富户有多少家？僧人道士以及读书人吃剩的余粮记录于簿籍的有多少实存？让各县呈文上报知州，以便做好救灾的各项准备工作。（为救灾前期准备，做到胸有成竹，努力不出纰漏。——张注）

根据州县官吏登记报告，全州孤寡衰老、疾病贫弱、不能自给的百姓共有二万一千九百多人。依照过去规矩，官府每年发给穷人救济，只发到三千石粮米就可以了。然而，赵公征集富户人家募捐的，以及僧人道士多余的粮米，共得四万八千多石，可以此来补足救灾的费用。同时规定，需要救济者从十月初一开始，每人每天领一升救济粮，孩童减半。赵公担心领粮米时，人太多会相互践踏，于是规定男人女人在不同的日子领取救济，并且每人一次领两天的口粮。赵公又担心乡民将逃往外地，就在城镇郊外设置了发粮点共五十七处，让人们就近方便领粮，并通告大家，离开家乡者，不得领取救济粮。他担心办理发粮的官吏不够用，便选用不在现职而寓居本地的官吏，发给俸禄让他们协助发粮。不能自给的百姓就按上述措施办理。能够买得起粮食的人，就告诫富人不能囤积居奇。他又抽出官库储备粮五万二千余石，低价卖给百姓，共设置卖粮点十八处，让百姓各自方便购买，就像接受赈济一样。他还雇佣民工修补城墙四千一百丈，共费工三万八千个，折合成劳动量发给工钱，再给他们两倍的粮食。有愿意出利息借钱的老百姓，官府劝告富人放手借钱给他们，等庄稼收获后，官府为债主出面督促还贷。被遗弃的男女孩童，让人可以任意收养。（忙乱之际，赵抃却筹划得周到细致，各项措施，有条不紊。——张注）

第二年春天，（越州）发生重大瘟疫。官府设立病坊，安置无家可归的病人；招募两位僧人，把照料病人的医药和饮食委托给他们，让那些病人不失去依靠。（颇似今日之隔离点或方舱医院。——张注）凡是病死者，各地可随时掩埋。

按照法令，遇灾年给穷人发放救济满三个月就停止，这一年发放到五个月才结束。有不便行公文处理的事情，赵公一概自己担当责任，不推卸责任给下属官员。有提出建议的，只要有利于战胜瘟疫，就立即施行。（勇于担责，敢于担当！——张注）赵公在这段时间，早晚劳心力从未稍微懈怠，事无巨细必定亲力亲为。病人吃药吃饭的开销，多由赵公自己掏钱支付。百姓不幸身染瘟疫，由此能避免辗转死去；即使不幸身亡，也能及时得到安葬。这些都是赵公的功劳。

这次旱灾、瘟疫遍及吴越一带，百姓遭受饥荒瘟病，死亡近半，灾难从未如此严重。天子为之忧劳，州县推布天子恩德，人人尽力而为。赵公救死扶伤的义举，使百姓尤其得到了妥善安置。赵公当时出谋划策、前后制定了各种应对措施，可以说是周到细致，关怀备至。他赈灾抗疫虽然只在越州，然而他的仁爱之心却足够昭示天下；他救灾抗疫的措施虽然只是一时之事，却足以流传后世。灾难的发生，太平盛世也不可能避免，但可以充分做好防备。百姓遭受疾苦之后才去思考对策，与事先就未雨绸缪，两者之间就有很大差距了。匆匆忙忙地应对，与训练有素地专业处理，两者之间同样也有很大差距。我特意到越地走访，得知赵公推行的各项措施，很乐意把它详细地记载下来。这不仅用来宽慰越州人对赵公的思念感激之情，更重要的是，将使后来有心为民做事的官吏在不幸遇到灾年的时候，能推行赵公曾经行之有效的办法，如此，就不必费多少时间就制定好，哪里能说赵公的恩泽仅仅局限于一地或一时呢？

赵公于元丰二年，以大学士加太子少保退休，归家还乡在衢州。他在朝廷的直道而行，在家庭的孝悌仁义，就不再详细介绍。只是记录他可以让人师法的救灾抗疫治理方略，以此写成《越州赵公救灾记》一文。

（赵抃的救灾抗疫之措施，可以概括为三点：第一，隔离制度，建设专门的隔离医坊；第二，用充足的物资保障，避免人口流动造成疫病传播蔓延；第三，事前掌握疾疫真实情况，制定切实可行的防控方案，并用严格规定和严厉处罚，避免下属官员的不作为、乱作为。——张注）

6. 曾巩年谱

天禧三年（1019）八月二十五日申时，曾巩生于南丰南城，时年，父曾易占三十一岁，母吴氏二十八岁。

天禧四年（1020）曾巩二岁。欧阳修十四岁。

天禧五年（1021）曾巩三岁。王安石生。

乾兴元年（1022）曾巩四岁。曾宰生。

天圣元年（1023）曾巩五岁；时年，宋仁宗赵祯即位。

天圣二年（1024）曾巩六岁；时年，父曾易占登宋郊榜进士。

天圣三年（1025）曾巩七岁；始读书。

天圣四年（1026）曾巩八岁；十月十五日，生母吴氏卒，年三十有五。

天圣五年（1027）曾巩九岁。

天圣六年（1028）曾巩十岁；时年，父曾易占荐为监真州（今江苏仪征）米仓。不久迁太子中允太常丞博士。

天圣七年（1029）曾巩十一岁。

天圣八年（1030）曾巩十二岁，试作《六论》，援笔而成，辞甚伟。甫冠，名闻四方。欧阳修见其文，奇之。欧阳修中进士。

天圣九年（1031）曾巩十三岁，善属文。

明道元年（1032）曾巩十四岁，时年，父曾易占出任泰州如皋县知县（治所今江苏省如皋市），曾巩随父任就读；时年长兄曾毕生长子：曾觉。

明道二年（1033）曾巩十五岁，随父在任所。

景祐元年（1034）曾巩十六岁；时年，父曾易占调任信州玉山知县（治所今江西省上饶市玉山县）。

景祐二年（1035）曾巩十七岁；时年，五弟曾布生于六月二十九日亥时。

景祐三年（1036）曾巩十八岁；随父任就读；入京进士试不中。

景祐四年（1037）曾巩十九岁；时年，父曾易占遭诬陷突然被罢官，曾家此时无人为官。

宝元元年（1038）曾巩二十岁；居南丰。

宝元二年（1039）曾巩二十一岁；居南丰。

康定元年（1040）曾巩二十二岁；居南丰。

庆历元年（1041）曾巩二十三岁；入京游太学，谒欧阳修，得赏识。与王安石相识。

庆历二年（1042）曾巩二十四岁；落第回家。

庆历三年（1043）曾巩二十五岁；王安石访曾巩。

庆历四年（1044）曾巩二十六岁；祖母卒。

庆历五年（1045）曾巩二十七岁；患肺病。

庆历六年（1046）曾巩二十八岁。

庆历七年（1047）曾巩二十九岁；五月二十四日，父曾易占卒，年五十有八。时年，继母朱氏九月初二生幼弟曾肇。

庆历八年（1048）曾巩三十岁；买田于南丰。居父丧。

皇祐元年（1049）曾巩三十一岁；居父丧。

皇祐二年（1050）曾巩三十二岁；服除。

皇祐三年（1051）曾巩三十三岁；曾巩兄弟耕读于乡里。

皇祐四年（1052）曾巩三十四岁；曾巩兄弟耕读于乡里。

皇祐五年（1053）曾巩三十五岁；长兄曾晔卒于江州，年四十有五。曾巩兄弟等赴京应试，未中。

至和元年（1054）曾巩三十六岁；曾巩兄弟耕读于乡里。娶妻晁文柔。晁氏，讳德仪，字文柔，开封府祥符县人。

至和二年（1055）曾巩三十七岁；曾巩兄弟耕读于乡里。

嘉祐元年（1056）曾巩三十八岁；原配晁氏生长子：曾绾。

嘉祐二年（1057）曾巩三十九岁；曾巩带领弟弟曾牟、曾布、曾阜，妹夫王无咎、王彦深赴京师，参加由欧阳修主持的科举考试，一门六人全部中第。曾巩被任命为太平州（今安徽当涂）司法参军。

嘉祐三年（1058）曾巩四十岁；原配晁氏生次子：曾综。

嘉祐四年（1059）曾巩四十一岁；原配晁氏生长女曾庆老。

嘉祐五年（1060）曾巩四十二岁；奉召回京，编校史馆书籍，迁馆阁校勘、集贤校理，兼判官告院。尝为英宗实录检讨官；历九年。

嘉祐六年（1061）曾巩四十三岁；十一月壬申，长女曾庆老三岁而夭。时年，四弟曾宰登进士第。妻晁氏病。

嘉祐七年（1062）曾巩四十四岁；原配晁氏文柔二月甲子卒于京师，年二十有六。

嘉祐八年（1063）曾巩四十五岁。

治平元年（1064）曾巩四十六岁；乔居于临川后湖田东第；继娶司农少卿李禹卿之女为妻；时年，宋英宗赵曙即位。

治平二年（1065）曾巩四十七岁；继室李氏生次女曾兴老。时年兄曾毕长子曾觉登进士第，年三十四。

治平三年（1066）曾巩四十八岁；九月甲寅，次女曾兴老卒，时始二岁。

治平四年（1067）曾巩四十九岁；继室李氏生第三子：曾纲。幼弟曾肇登进士第。

熙宁元年（1068）曾巩五十岁；四月乙巳，四弟曾宰卒于湘潭；时年，宋神宗赵顼即位。

熙宁二年（1069）曾巩五十一岁；时任越州通判（治所今浙江省绍兴市）。

熙宁三年（1070）曾巩五十二岁；时年，侄曾觉卒，年三十有八。

熙宁四年（1071）曾巩五十三岁；六月，任齐州知州（治所今山东省济南市）；原配晁氏文柔追封宜兴县君。

熙宁五年（1072）曾巩五十四岁；在济任职。

熙宁六年（1073）曾巩五十五岁；六月，由济南任上任襄州知州（治所今湖北省襄阳市襄州区）。

熙宁七年（1074）曾巩五十六岁；曾巩九妹去世。

熙宁八年（1075）曾巩五十七岁；时年长子曾绾生长子：曾恁。

熙宁九年（1076）曾巩五十八岁；长子曾绾生次子：曾忘。

熙宁十年（1077）曾巩五十九岁；先任洪州知州（治所今江西省南昌市）进直龙图阁，后知福州（治所今福建省福州市），兼福建路兵马钤辖，赐绯衣银鱼，召判太常寺，未至；时年二月庚申，原配晁氏文柔葬于建昌军南丰县龙池乡之源头；始以三月庚申瘗二女于南丰之源头，同穴，庆老在右，兴老在左，是为志。时年三月庚申，四弟曾宰葬于南丰龙池乡之源头。

元丰元年（1078）曾巩六十岁；正月二十五日，任明州知州（治所今浙江省宁波市）。

元丰二年（1079）曾巩六十一岁；移任亳州（治所今安徽省亳州市）。

元丰三年（1080）曾巩六十二岁；转任沧州知州，过京师，神宗召见时，他提出节约为理财之要，颇得神宗赏识，留判三班院。时年，长子曾绾生四子：曾忐。

元丰四年（1081）曾巩六十三岁；神宗以其精于史学，委任史馆修撰，编纂五朝史纲。

元丰五年（1082）曾巩六十四岁；四月，擢试中书舍人，赐服金紫。自大理寺丞，五迁尚书度支员外郎，授朝散郎，勋累加轻车都尉，拜中书舍人。时年九月二十八日，继母朱氏卒，年七十有二。时年，长子曾绾生幼子：曾懋。

元丰六年（1083）曾巩六十五岁；四月十一日终于江宁府（今南京市）。

曾巩一生著述丰富，有《元丰类稿》50卷、《续元丰类稿》40卷、《外集》10卷流行于世。另外，他还著有《卫道录》《大学稽中传》《礼经类编》《杂职》《宋朝政要策》《诗经教考》等。

后 记

　　写这本小册子，字数不多，按说不难。

　　写这本小册子，实在还真不易。

　　第一，我没偷懒。丛书的名字叫《济南故事》，曾巩在济南为官整整两年，写作伊始，我就叮嘱自己，就写曾巩与济南。如果要写《曾巩一生》估计写个五六十万字甚至更多也没大问题。但只写曾巩在济南的两年700余天，难度就大了，况且史料有限，《宋史》、行状、神道碑，牵涉济南的曾巩事迹只有以百余字计。以寥寥数语敷衍成篇，不亦难乎？当然，为读者了解时代背景、曾巩背景以及济南背景，有些地方还是进行了一些我自己觉得必要的铺陈，对曾巩的诗文做了一些画蛇添足，甚至是理解有误的解释，这还有求于广大读者予以宽宏大量的理解、谅解和教正。

　　第二，我尽了心。笔者不敢保证书中无一字无来历，但在史料的选择抑或是论证上还是下了些许功夫的。曾巩知齐的时间，即便在一些专家、教授的著述中，也是众说纷纭，有熙宁四年说，有熙宁五年说；有某年六月说，也有某年正月说。为了细节的真实，50卷《南丰类稿》我从头到尾翻了数遍，才敢写下本书开头那句话："宋神宗熙宁四年，也就是公元1071年，这年春夏两季，齐州大地久旱无雨。天上烈日当头，骄阳似火；地上禾苗枯焦，土地干裂。农历六月十三那天，天上突然阴云密布，随着阵阵雷鸣，一场大雨从天而降。既而，雨过天晴，天地一新。人们兴奋地涌上街头，欢呼着，雀跃着，击鼓焚香感激老天爷降下甘霖。这天早上，53岁的江西南丰人曾巩刚进济南地界，就遇上了这场雨。他和随从策马扬鞭，冒雨前行。他要尽快赶到城里的衙署，正式接印视事，担任齐州知州。""六月十六日，在州衙举行完接印仪式。"这其实得益于曾巩先生自己所言，他来到济南一周年之际曾写下《去年久旱，六月十三日入境，得雨。今年复旱，得雨，亦六月十三日也》一诗；接印时间自然以他的《齐州谢到任表》那句"伏奉敕命，就差知齐州军州事，已于今月十六日到任上讫"为本。

还有，曾巩老师欧阳修的卒年，一般认为，欧阳修卒日为"闰七月二十三"，但公历则有"9月22日""9月23日"诸说。若为9月22日或23日，农历与公历则已近60天，不符合1582年改历前的规律。为此，书中采用"9月8日"说，这样阴、阳历相差45天左右，符合当年"十一月十九日——公历12月31日"对应相差42天左右的情形。

本书中类似细枝末节还有很多，不再一一列举，有请读者自行细辨。

第三，我还要努力。讲故事，说的是生动的叙事方式，尽量不说教；讲济南故事，说的是表达的主题不能跑偏，东扯葫芦西扯瓢显然不行；讲好济南故事，说的是要有专业实力，运用语言把有特性的济南故事讲得生动活泼，让读者喜闻乐见，同时讲好济南历史文化的正能量，以提高人们的文化自觉、提振人们的文化自信、提升人们的文化自豪；讲好那些鲜为人知的济南好故事，秘诀就在于发现、挖掘济南故事中的新线索、新元素，深入把握济南文化的内在规律和背后成因。在这些方面，我做了一些努力，但显然努力得还不够，差距还很大很大，必须继续努力。

至于本书内容如何，是否有点新意，是否还存在诸多不尽如人意，甚至错讹之处，则只有期待着广大读者和方家的鉴定了。

张继平

写于济南拾荒斋

图书在版编目（CIP）数据

曾巩：总是济南为郡乐 / 张继平著. -- 济南：济
南出版社, 2021.7
　　（济南故事 / 杨峰主编）
　　ISBN 978-7-5488-4720-5

　　Ⅰ.①曾… Ⅱ.①张… Ⅲ.①曾巩（1019-1083）—
传记 Ⅳ.①K825.6

　　中国版本图书馆CIP数据核字115423号

曾巩：总是济南为郡乐
ZENGGONG:ZONGSHI JINAN WEIJUNLE

出 版 人：崔　刚
图书策划：李　岩
责任编辑：姚晓亮
封面设计：张　金
出版发行：济南出版社
地　　址：济南市市中区二环南路 1 号　　250002
邮　　箱：ozking@qq.com
印 刷 者：济南新先锋彩印有限公司
经 销 者：各地新华书店
成品尺寸：170 mm × 230 mm　1/16
印　　张：10.25
字　　数：150千字
印　　数：1—3 000册
出版时间：2021年7月第1版
印刷时间：2021年7月第1次印刷
书　　号：ISBN 978-7-5488-4720-5
定　　价：56.00元